단계별로 쉽게 익히는 3 STEP 일본어

한선희 · 이이호시 카즈야 · 오가와 야스코 공저

3

다락원

머리말

세상은 하루가 다르게 변화하고 있습니다. 소통의 형태도 다양해져서 카카오톡이나 유튜브, 트위터, 인스타그램, 페이스북(메타로 변경) 등을 통해 각기 다른 정체성으로 소통하고 있습니다. 그러나 변하지 않는 것은 외국어 학습입니다. 기계를 통하여 내용은 전달할 수 있지만, 사람의 감정과 섬세한 마음은 외국어의 구사로만 전달할 수 있습니다. 일본어를 습득해야 일본의 문화 및 언어에 담긴 정서를 알 수 있고 일본인에 대해서 이해할 수 있습니다.

이 책은 『단계별로 쉽게 익히는 3 STEP 일본어 3』의 개정판입니다. 변하는 시대에 맞추어 내용을 일부 수정하고 삽화도 수정하였습니다. 3권의 시리즈로 되어 있고, 각각 한 권이 10과로 구성되어 있습니다. 한 권의 양이 기존의 교재보다 적어 단기간에 만족감과 성취감을 맛볼 수 있도록 한 것이 특징입니다.

이 책의 구성은 '미리 보기'와 '문형 꽉 잡기'에서 학습 내용을 미리 제시하고, 제시된 문형을 본문에서 실제 회화에 응용하였으며 '문형 쏙 정리하기'에서는 문형 설명과 다양한 예문을 제시해서 이해하기 쉽도록 하였습니다. 본문 학습 후 '문형 연습하기', '회화 연습하기', '듣기 연습하기', '독해 연습하기'를 통하여 배운 사항을 반복하고 확인하면서 쓰기, 말하기, 듣기, 읽기 활동이 단계적으로 이루어지도록 구성하였습니다. 또한 실제 생활에서 쓸 수 있는 어휘를 골고루 사용하여 학습 후 문형을 실제로 적용할 수 있도록 하였습니다. 본문에서 다룬 회화 장면은 대학생, 회사원 모두 접할 수 있는 내용으로 일상생활에서 자연스럽게 응용하도록 하였습니다.

아무쪼록 이 교재를 바탕으로 끊임없이 반복 또 반복하여 자연스러운 일본어를 습득하시기 바랍니다. 또 중요한 것은 재미있게 공부하는 것입니다. 재미있고 즐겁게 공부하여 목표를 향해 나아가시길 바랍니다.

저자 일동

이 책의 구성과 특징

이 책은 『3 STEP 일본어 시리즈』 3단계로 일본어를 처음 공부하는 학습자를 위해 선생님과 함께 공부할 수 있도록 만들어진 강의용 교재입니다. 각 과는 미리 보기, 문형 꽉 잡기, 회화로 또 확인하기, 문형 쏙 정리하기, 문형 연습하기, 회화 연습하기, 듣기 연습하기, 독해 연습하기, 함께 읽어보는 일본의 문화로 구성되어 있습니다.

＊ 미리 보기

각 과에서 학습하는 중요 문형을 확인합니다.

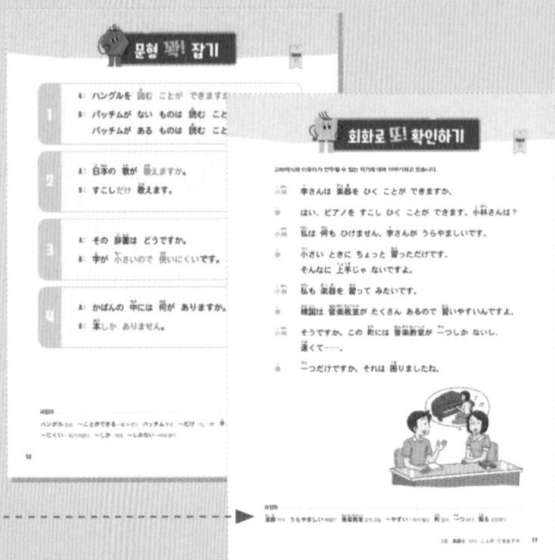

＊ 문형 꽉 잡기

각 과의 학습 문형을 대화문으로 확인합니다.

＊ 회화로 또 확인하기

자연스러운 회화를 통해 주요 문형을 익힙니다.

새 단어 각 코너에 새로 나오는 단어를 정리했습니다.

＊ 문형 쏙 정리하기

회화에 나오는 주요 문형과 문법을 간단한 설명과 다양한 예문을 통해 익힙니다.

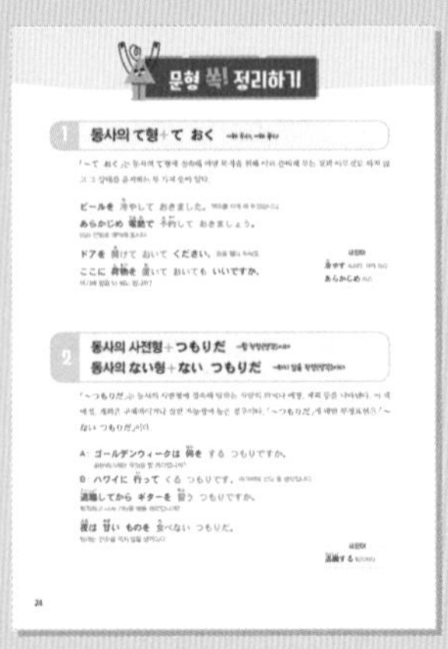

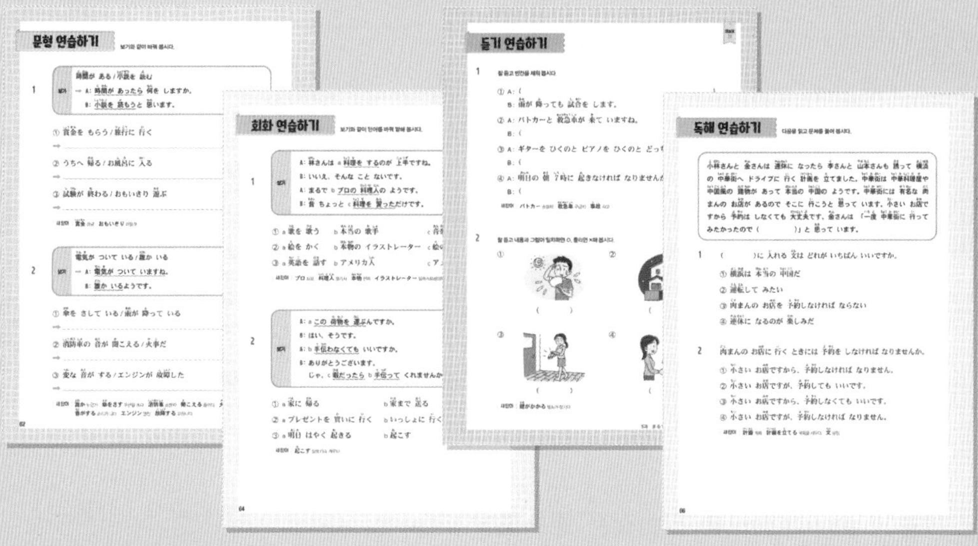

*** 문형/회화/듣기/독해 연습하기**

언어의 4기능에 맞춰 주요 문형과 문법을 균형있게 연습할 수 있습니다.

*** 함께 읽어보는 일본의 문화**

흥미로운 일본 문화를 소개합니다.

*** 부록**

동사 활용표, 동사 활용별 문형 일람표, 조사 정리표, 정답, 스크립트를 실었습니다.

***무료 MP3**

스마트폰 이용

우측 또는 표지와 표지 안쪽의 QR코드를 스마트폰으로 찍으면 다락원 모바일 홈페이지로 이동해 음성을 듣거나 MP3 파일을 다운로드 받을 수 있습니다.

PC 이용

다락원 홈페이지에서 회원가입 후 MP3 파일을 다운로드 받을 수 있습니다.

차례

◆ 부록

등장인물

한국인

이유리 李由梨

(여/22세)

일본 대학교에서 유학 생활 중이다.
김우진의 대학 후배이며, 고바야시의 친구.

김우진 金宇真

(남/28세)

일본에서 직장 생활을 하고 있다.
이유리의 선배. 야마모토와는 직장 입사 동기이다.

일본인

야마모토 아키코 山本明子

(여/27세)

김우진의 직장 동료.

고바야시 히로유키 小林広幸

(남/22세)

일본 대학교의 외국어학부에서
한국어를 전공하고 있다.
이유리의 대학 친구.

1과

楽器(がっき)を ひく ことが できますか

가능표현을 배워 봅시다.

미리 보기

❶ ハングルを 読(よ)む ことが できますか。
❷ すこしだけ 歌(うた)えます。
❸ 字(じ)が 小(ちい)さいので 使(つか)いにくいです。
❹ 本(ほん)しか ありません。

문형 꽉! 잡기

TRACK 01

1

A: ハングルを 読(よ)む ことが できますか。

B: パッチムが ない ものは 読(よ)む ことが できますが、
パッチムが ある ものは 読(よ)む ことが できません。

2

A: 日本(にほん)の 歌(うた)が 歌(うた)えますか。

B: すこしだけ 歌(うた)えます。

3

A: その 辞書(じしょ)は どうですか。

B: 字(じ)が 小(ちい)さいので 使(つか)いにくいです。

4

A: かばんの 中(なか)には 何(なに)が ありますか。

B: 本(ほん)しか ありません。

새단어

ハングル 한글　~ことができる ~할 수 있다　パッチム 받침　~だけ ~만, ~뿐　字(じ) 글자　~ので ~하므로, ~때문에
~にくい ~하기 어렵다　~しか ~밖에　~しかない ~밖에 없다

회화로 또! 확인하기

TRACK 02

고바야시와 이유리가 연주할 수 있는 악기에 대해 이야기하고 있습니다.

小林(こばやし)　李(イ)さんは 楽器(がっき)を ひく ことが できますか。

李(イ)　はい、ピアノを すこし ひく ことが できます。小林(こばやし)さんは？

小林(こばやし)　私(わたし)は 何(なに)も ひけません。李(イ)さんが うらやましいです。

李(イ)　小(ちい)さい ときに ちょっと 習(なら)っただけです。
そんなに 上手(じょうず)じゃ ないですよ。

小林(こばやし)　私(わたし)も 楽器(がっき)を 習(なら)って みたいです。

李(イ)　韓国(かんこく)は 音楽教室(おんがくきょうしつ)が たくさん あるので 習(なら)いやすいんですよ。

小林(こばやし)　そうですか。この 町(まち)には 音楽教室(おんがくきょうしつ)が 一(ひと)つしか ないし、
遠(とお)くて……。

李(イ)　一(ひと)つだけですか。それは 困(こま)りましたね。

새 단어

楽器(がっき) 악기　うらやましい 부럽다　音楽教室(おんがくきょうしつ) 음악 교실　～やすい ~하기 쉽다　町(まち) 동네　一(ひと)つ 하나　困(こま)る 곤란하다

문형 쏙! 정리하기

1 동사의 사전형 + ことが できる ~할 수 있다

「~ことが できる」는 동사의 사전형에 접속해 '~할 수 있다'는 가능표현을 만든다. 명사로도 가능표현을 만들 수 있는데, 이 때는 동작성 명사에 「~できる」, 「~が できる」가 붙는다.

漢字(かんじ)で 名前(なまえ)を 書(か)く ことが できますか。
한자로 이름을 쓸 수 있습니까?

歯(は)が 痛(いた)くて 食(た)べる ことが できません。
이가 아파서 먹을 수 없습니다.

自信(じしん)が なくて 一人(ひとり)で 告白(こくはく)できません。
자신이 없어서 혼자서 고백할 수 없습니다.

田中(たなか)さんは 水泳(すいえい)が できますか。
다나카 씨는 수영을 할 수 있습니까?

새단어
自信(じしん) 자신
告白(こくはく) 고백
~できる ~할 수 있다

2 동사의 가능형

「~ことが できる」 외에 동사의 어미를 활용해서 가능 동사를 만들 수 있다. 가능표현은 '~을/를 할 수 있다'로 조사 '~을/를'을 쓰지만 일본어의 가능형은 조사 「が」를 쓰는 것에 주의한다.

종류	활용 방법	예
1그룹동사	어미 う단 → え단+る	書(か)く 쓰다 → 書(か)ける 쓸 수 있다 泳(およ)ぐ 헤엄치다 → 泳(およ)げる 헤엄칠 수 있다 会(あ)う 만나다 → 会(あ)える 만날 수 있다 待(ま)つ 기다리다 → 待(ま)てる 기다릴 수 있다 取(と)る 집다 → 取(と)れる 집을 수 있다 死(し)ぬ 죽다 → 死(し)ねる 죽을 수 있다 遊(あそ)ぶ 놀다 → 遊(あそ)べる 놀 수 있다 飲(の)む 마시다 → 飲(の)める 마실 수 있다 話(はな)す 말하다 → 話(はな)せる 말할 수 있다

2그룹동사	어미 る → ~~る~~+られる	見る 보다 → 見られる 볼 수 있다 食べる 먹다 → 食べられる 먹을 수 있다
3그룹동사	불규칙 활용	する 하다 → できる 할 수 있다 来る 오다 → 来られる 올 수 있다 勉強する 공부하다 → 勉強できる 공부할 수 있다

※「来られる」는「来れる」로도 쓰는데, 이런 말을「ら ぬき ことば」라고 한다.

ロッカーは 来月の はじめから 使えます。
로커는 다음 달 초부터 사용할 수 있습니다.

めがねが なくても 字が 読めます。
안경이 없어도 글자를 읽을 수 있습니다.

朝 6時に 起きられますか。
아침 6시에 일어날 수 있습니까?

山田さんは 明日 はやく 来られますか。
야마다 씨는 내일 일찍 올 수 있어요?

새단어

ロッカー 로커, 보관함
はじめ 처음, 초

3 동사・い형용사 보통체형 / な형용사 어간・명사+な +～だけ ~만, ~뿐

「～だけ」는 '~만, ~뿐'이라는 뜻으로 한정, 한도를 나타낸다.

ちょっと 言って みただけです。 그냥 말해 본 것뿐이에요.

この ラーメンは ただ からいだけで、全然 おいしく ありません。
이 라면은 단지 매울 뿐 전혀 맛있지 않습니다.

この かばんは 丈夫なだけで 色も 形も よく ありません。
이 가방은 튼튼할 뿐 색도 모양도 좋지 않습니다.

一日だけ ノート型パソコンを 貸して ください。
하루만 노트북을 빌려 주세요.

새단어

形 모양
一日 하루
ノート型パソコン 노트북

4 동사·い형용사 보통체형 / な형용사 어간·명사＋な ＋ので ~하므로, ~때문에

「～ので」는 원인이나 이유를 말할 때 쓰는 표현으로, 「～から」가 주관적인 반면 「～ので」는 객관적인 경우에 주로 사용한다. 그리고 부드럽게 권유하거나 이유나 변명을 표현할 때 자주 쓰이며, 「～から」보다 격식을 차린 표현이다.

向こうの 店が オープンしましたので 食べに 行きましょう。
건너편의 가게가 오픈했으니까 먹으러 갑시다.

最近 寒いので 風邪に 気を つけて ください。
요즘 추우니까 감기 조심하세요.

週末 暇なので いっしょに 映画を 見ませんか。
주말에 한가하니까 함께 영화를 보지 않겠습니까?

未成年なので お酒が 買えません。
미성년이기 때문에 술을 살 수 없습니다.

새단어

- 向こう 건너편, 맞은편
- 店 가게
- オープンする 오픈하다
- 未成年 미성년

5 동사의 ます형＋やすい ~하기 쉽다 / にくい ~하기 어렵다, ~하기 힘들다

원래 「やすい」는 '싸다', 「にくい」는 '밉다'라는 뜻이지만, 동사의 ます형에 붙으면 각각 '~하기 쉽다', '~하기 어렵다'라는 뜻이 된다.

カーナビが あるので 探しやすいです。
자동차 내비게이션이 있어서 찾기 쉽습니다.

この 本は 絵が たくさん あるので わかりやすいです。
이 책은 그림이 많이 있어서 이해하기 쉽습니다.

この 靴(くつ)は 小(ちい)さくて はきにくいです。
이 구두는 작아서 신기 힘듭니다.

タチウオは 骨(ほね)が 多(おお)くて 食(た)べにくいです。
갈치는 가시가 많아서 먹기 어렵습니다.

새단어

カーナビ 자동차 내비게이션
はく (신발을) 신다
タチウオ 갈치
骨(ほね) 가시, 뼈

6 ～しか ない ～밖에 없다, ～할 수밖에 없다

한정을 나타내는「しか」에 부정표현「ない」가 붙은 것으로 오직 그것뿐임을 나타낸다.「しか」앞에는 명사, 부사, 동사의 사전형이 온다.

教室(きょうしつ)には 学生(がくせい)が 一人(ひとり)しか いません。
교실에는 학생이 한 명밖에 없습니다.

時間(じかん)が すこししか ないので 急(いそ)いで ください。
시간이 조금밖에 없으니까 서둘러 주세요.

いらない ものは 捨(す)てるしか ありません。
필요없는 것은 버릴 수밖에 없습니다.

終電(しゅうでん)が なくなったので タクシーに 乗(の)るしか ありません。
막차가 끊어졌기 때문에 택시를 탈 수밖에 없습니다.

새단어

いらない 필요없다
終電(しゅうでん) 막차, 마지막 전철

문형 연습하기

1 보기와 같이 바꿔 봅시다.

보기	一人(ひとり)で 行(い)く ➡ A: <u>一人(ひとり)で 行(い)く</u> ことが できますか。 B: いいえ、<u>行(い)けません</u>。

① 日本料理(にほんりょうり)を 作(つく)る

➡ ____________________

② これから 2時(にじ)の 飛行機(ひこうき)に 乗(の)る

➡ ____________________

③ 映画館(えいがかん)で お弁当(べんとう)を 食(た)べる

➡ ____________________

새단어 日本料理(にほんりょうり) 일본 요리

2 보기와 같이 바꿔 봅시다.

보기	時間(じかん)が ある / スーパーに 寄(よ)る ➡ <u>時間(じかん)が ないので</u> <u>スーパーに 寄(よ)りません</u>。

① 今(いま)は 営業時間(えいぎょうじかん)だ / レストランは 開(あ)いて いる

➡ ____________________

② この 山(やま)は 有名(ゆうめい)だ / 人(ひと)が 来(く)る

➡ ____________________

③ 天気(てんき)が いい / 出(で)かける

➡ ____________________

새단어 寄(よ)る 들르다 営業時間(えいぎょうじかん) 영업시간 開(あ)く 열리다

3 보기와 같이 바꿔 봅시다.

보기	この お菓子(かし) / 食(た)べる → A: この お菓子(かし)は 食(た)べやすいですか。 B: いいえ、この お菓子(かし)は 食(た)べにくいです。

① この かびん / こわれる

→ ______________________

② 山本先生(やまもとせんせい)の 授業(じゅぎょう) / わかる

→ ______________________

③ この 本(ほん) / 読(よ)む

→ ______________________

새단어 かびん 꽃병

4 보기와 같이 알맞은 것을 골라 봅시다.

보기	この 町(まち)には 学校(がっこう)が 一(ひと)つ（(しか)/ だけ）ありません。

① これ（しか / だけ）は 秘密(ひみつ)です。

② 1時間(いちじかん)（しか / だけ）使(つか)って ください。

③ 時間(じかん)が 1時間(いちじかん)（しか / だけ）ありませんから、急(いそ)いで ください。

새단어 秘密(ひみつ) 비밀

TRACK 03

회화 연습하기

보기와 같이 단어를 바꿔 말해 봅시다.

1

보기

A: この a ノート型(がた)パソコンは どうですか。

B: b 軽(かる)くて c 持(も)ちやすいですね。

A: d 充電(じゅうでん)も はやく できますよ。

B: これ、いいですね。

① a ケータイ　b 画面(がめん)が 大(おお)きい
c 見(み)る　d きれいな 写真(しゃしん)も 撮(と)る

② a カメラ　b 小(ちい)さい
c 使(つか)う　d データも たくさん 保存(ほぞん)する

③ a 日本語(にほんご)の 教科書(きょうかしょ)　b 絵(え)が ある
c わかる　d 単語(たんご)も たくさん 覚(おぼ)える

새단어 保存(ほぞん)する 저장하다　充電(じゅうでん) 충전　画面(がめん) 화면

2

보기

A: a 紅茶(こうちゃ)を ください。

B: すみません。b お酒(さけ)しか ないのですが。

A: そうなんですか。

B: はい、c 夜(よる)の 営業時間(えいぎょうじかん)なので b お酒(さけ)だけなんです。

① a パフェを　b アイスクリーム　c パフェは 売(う)り切(き)れた

② a この シャツを 2着(ちゃく)　b 1着(いっちゃく)　c 特別(とくべつ)サイズ

③ a 東京行(とうきょうゆ)きの チケットを 2枚(まい)　b 1枚(いちまい)
c 座席(ざせき)の のこりが ない

새단어 パフェ 파르페　アイスクリーム 아이스크림　売(う)り切(き)れる 다 팔리다, 매진되다　シャツ 셔츠
～着(ちゃく) ~벌　特別(とくべつ)サイズ 특별 사이즈　～行(ゆ)き ~행　座席(ざせき) 좌석　のこり 남음, 잔여

TRACK 04

듣기 연습하기

1 잘 듣고 빈칸을 채워 봅시다.

① A：どうしたんですか。

B：この 靴は きつくて（　　　　　　　　　　　　　　　）。

② A：山本さん、明日は いつ（　　　　　　　　　　　　　　）。

B：午前は（　　　　　　　　　　）、午後は（　　　　　　　）。

③ A：これ、使っても いいですか。

B：すみませんが、（　　　　　　　　　　　　　　　　　）。

④ A：この カメラの 使い方が わからないんですが……。

B：（　　　　　　　　　　　　　　　　　　　　　　　）。

새단어 歩く 걷다

2 잘 듣고 내용과 그림이 일치하면 ○, 틀리면 ×해 봅시다.

①

(　　　)

②

(　　　)

③

(　　　)

④

(　　　)

새단어 バイオリン 바이올린　運転する 운전하다

독해 연습하기

다음을 읽고 문제를 풀어 봅시다.

李(イ)さんは ピアノを ひく ことが できます。しかし 小(ちい)さい ときに ちょっと 習(なら)っただけなので、あまり 上手(じょうず)じゃ ないです。小林(こばやし)さんは 何(なに)も ひく ことが できません。楽器(がっき)を 習(なら)って みたいと 思(おも)って いますが、町(まち)には 音楽教室(おんがくきょうしつ)が 遠(とお)い ところに 一(ひと)つしか ありません。小林(こばやし)さんの 町(まち)には 音楽教室(おんがくきょうしつ)が 少(すく)ないので 楽器(がっき)を 習(なら)いにくいですが、韓国(かんこく)は たくさん あるので 習(なら)いやすいです。

1 ただしい ものは どれですか。

① 小林(こばやし)さんも 李(イ)さんも 楽器(がっき)が ひけません。

② 小林(こばやし)さんは ピアノが ひけますが、李(イ)さんは 何(なに)も ひけません。

③ 小林(こばやし)さんは 何(なに)も ひけませんが、李(イ)さんは ピアノが ひけます。

④ 小林(こばやし)さんも 李(イ)さんも ピアノが ひけます。

2 どうして 小林(こばやし)さんの 町(まち)では 楽器(がっき)を 習(なら)いにくいのですか。

① 小林(こばやし)さんは 何(なに)も ひく ことが できないからです。

② 音楽教室(おんがくきょうしつ)が たくさん あるからです。

③ 音楽教室(おんがくきょうしつ)が 一(ひと)つも ないからです。

④ 音楽教室(おんがくきょうしつ)が 少(すく)ないからです。

2과

安(やす)い ギターを 買(か)おうと 思(おも)います

동사의 의지형을 배워 봅시다.

미리 보기

❶ 覚(おぼ)えて おいて ください。
❷ 軍隊(ぐんたい)に 行(い)って きてから 結婚(けっこん)する つもりです。
❸ 彼女(かのじょ)とは いつ 結婚(けっこん)しようと 思(おも)いますか。
❹ 走(はし)らないで 歩(ある)いて ください。
❺ ただいま、会議中(かいぎちゅう)です。

문형 꽉! 잡기

TRACK 05

1

A: 先生(せんせい)、試験(しけん)は いつですか。

B: 来週(らいしゅう)の 月曜日(げつようび)です。覚(おぼ)えて おいて ください。

2

A: 金(キム)さん、彼女(かのじょ)とは いつ 結婚(けっこん)しようと 思(おも)いますか。

B: 軍隊(ぐんたい)に 行(い)って きてから 結婚(けっこん)する つもりです。

3

A: 室内(しつない)で 走(はし)っても いいですか。

B: いいえ、走(はし)らないで 歩(ある)いて ください。

4

A: すみません、鈴木課長(すずきかちょう) いらっしゃいますか。

B: ただいま、会議中(かいぎちゅう)です。

새 단어

～ておく ～해 두다 **～よう** ～해야지, ～하자 **軍隊(ぐんたい)** 군대 **～つもりだ** ～할 생각이다 **室内(しつない)** 실내 **～ないで** ～하지 않고 **いらっしゃる** 계시다, 오시다, 가시다 **ただいま** 지금 **～中(ちゅう)** ～중, 내내, 전체

회화로 또! 확인하기

TRACK 06

이유리와 고바야시가 연주해 보고 싶은 악기에 대해 이야기하고 있습니다.

李(イ)　小林(こばやし)さん、ひいて みたい 楽器(がっき)は あるんですか。

小林(こばやし)　ギターを ひいて みたいです。
でも、まだ ギターを 持(も)って いなくて……。

李(イ)　それじゃ、まず ギターを 買(か)わなきゃ。

小林(こばやし)　ええ、アルバイトの お金(かね)を 貯(た)めて おいたので、それで 買(か)う つもりです。

李(イ)　どんな ギターを 買(か)うんですか。

小林(こばやし)　私(わたし)は 上手(じょうず)じゃ ないので、高(たか)い ものを 買(か)わないで いちばん 安(やす)い ギターを 買(か)おうと 思(おも)います。今週(こんしゅう)の 土曜日(どようび) 買(か)いに 行(い)こうと 思(おも)いますが、李(イ)さんは 土曜日(どようび) 暇(ひま)ですか。

李(イ)　その 日(ひ)は 一日中(いちにちじゅう) 暇(ひま)です。

小林(こばやし)　よかった。じゃ、いっしょに 買(か)いに 行(い)きませんか。

李(イ)　いいですよ。

새 단어

まず 우선, 먼저　**買(か)わなきゃ** 사지 않으면〈買(か)わなければ의 줄임말〉　**一日中(いちにちじゅう)** 하루 종일　**よかった** 다행이다

문형 쏙! 정리하기

1 동사의 て형＋て おく ~해 두다, ~해 놓다

「～て おく」는 동사의 て형에 접속해 어떤 목적을 위해 미리 준비해 두는 것과 아무것도 하지 않고 그 상태를 유지하는 두 가지 뜻이 있다.

ビールを 冷(ひ)やして おきました。 맥주를 차게 해 두었습니다.

あらかじめ 電話(でんわ)で 予約(よやく)して おきましょう。
미리 전화로 예약해 둡시다.

ドアを 開(あ)けて おいて ください。 문을 열어 두세요.

ここに 荷物(にもつ)を 置(お)いて おいても いいですか。
여기에 짐을 놔 둬도 됩니까?

새단어
冷(ひ)やす 식히다, 차게 하다
あらかじめ 미리

2 동사의 사전형＋つもりだ ~할 작정(생각)이다 / 동사의 ない형＋ない つもりだ ~하지 않을 작정(생각)이다

「～つもりだ」는 동사의 사전형에 접속해 말하는 사람의 의지나 예정, 계획 등을 나타낸다. 이 때 예정, 계획은 구체적이거나 실현 가능성이 높은 경우이다. 「～つもりだ」에 대한 부정표현은 「～ない つもりだ」이다.

A : ゴールデンウィークは 何(なに)を する つもりですか。
골든위크에는 무엇을 할 생각입니까?

B : ハワイに 行(い)って くる つもりです。 하와이에 갔다 올 생각입니다.

退職(たいしょく)してから ギターを 習(なら)う つもりですか。
퇴직하고 나서 기타를 배울 생각입니까?

夜(よる)は 甘(あま)い ものを 食(た)べない つもりだ。
밤에는 단것을 먹지 않을 생각이다.

새단어
退職(たいしょく)する 퇴직하다

3 동사의 의지형

동사의 의지형은 말하는 사람의 결심이나 의지를 나타내는 표현이며, 상대에게 권유할 때도 사용한다. 정중하게 권유할 때는「～ましょう」를 사용한다.

종류	활용 방법	예
1그룹동사	어미 う단 → お단+う	書(か)く 쓰다 → 書(か)こう 써야지, 쓰자 泳(およ)ぐ 헤엄치다 → 泳(およ)ごう 헤엄쳐야지, 헤엄치자 会(あ)う 만나다 → 会(あ)おう 만나야지, 만나자 待(ま)つ 기다리다 → 待(ま)とう 기다려야지, 기다리자 取(と)る 집다 → 取(と)ろう 집어야지, 집자 死(し)ぬ 죽다 → 死(し)のう 죽어야지, 죽자 遊(あそ)ぶ 놀다 → 遊(あそ)ぼう 놀아야지, 놀자 飲(の)む 마시다 → 飲(の)もう 마셔야지, 마시자 話(はな)す 말하다 → 話(はな)そう 말해야지, 말하자
2그룹동사	어미 る → ~~る~~+よう	見(み)る 보다 → 見(み)よう 봐야지, 보자 起(お)きる 일어나다 → 起(お)きよう 일어나야지, 일어나자 食(た)べる 먹다 → 食(た)べよう 먹어야지, 먹자 寝(ね)る 자다 → 寝(ね)よう 자야지, 자자
3그룹동사	불규칙 활용	する 하다 → しよう 해야지, 하자 来(く)る 오다 → 来(こ)よう 와야지, 오자

勉強(べんきょう) がんばろう。 공부 열심히 해야지(하자).

いっしょに 映画(えいが) 見(み)よう。 같이 영화 봐야지(보자).

掃除(そうじ)を しよう。 청소를 해야지(하자).

掃除(そうじ)を しましょう。 청소를 합시다.

4 동사의 의지형+と 思(おも)う ~하려고 생각하다, ~하려고 하다

「동사의 의지형+と思(おも)う」는 말하는 사람의 의지를 나타내는 표현이며, 말하는 시점에서의 계획이나 결심을 나타낸다. 「동사의 의지형+と思(おも)っています」도 의지를 나타내는 표현이지만 예전부터 그런 생각을 해왔다는 것을 나타낸다. 주어가 1인칭인 경우 「동사의 의지형+と思(おも)う」, 「동사의 의지형+と思(おも)っている」 둘 다 사용 가능하지만, 주어가 3인칭 경우는 「동사의 의지형+と思(おも)っている」만 사용한다.

週末(しゅうまつ)は 家(いえ)で 休(やす)もうと 思(おも)います。 주말은 집에서 쉬려고 합니다.

今日(きょう)から ダイエットを 始(はじ)めようと 思(おも)います。 오늘부터 다이어트를 시작하려고 합니다.

部屋(へや)を 掃除(そうじ)しようと 思(おも)います。 방을 청소하려고 합니다.

夏休(なつやす)みは 国(くに)へ 帰(かえ)ろうと 思(おも)って います。
여름 방학에는 고국에 가려고 합니다.

새단어

ダイエット 다이어트

5 동사의 ない형+ないで ~하지 않고, ~하지 말고

「~ないで」는 동사의 ない형에 붙어 어떤 것을 하지 않은 상태로 다른 것을 한다는 것을 나타낸다.

夕食(ゆうしょく)は 外食(がいしょく)しないで 家(うち)で 食(た)べます。
저녁 식사는 외식하지 않고 집에서 먹습니다.

何(なに)も 言(い)わないで 帰(かえ)って いきました。
아무것도 말하지 않고 돌아갔습니다.

席(せき)に 座(すわ)らないで 立(た)って 見(み)ました。 자리에 앉지 않고 서서 보았습니다.

朝(あさ)ごはんを 食(た)べないで 学校(がっこう)に 行(い)きました。
아침밥을 먹지 않고 학교에 갔습니다.

새단어

外食(がいしょく)する 외식하다
座(すわ)る 앉다
朝(あさ)ごはん 아침밥

6 명사+中(じゅう / ちゅう) 내내, 전체 / ~중

(1) 「じゅう」로 읽는 경우

① '줄곧, 내내'라는 뜻이다.

一年中(いちねんじゅう) 일 년 내내　　一日中(いちにちじゅう) 하루 종일

② 그 범위 전체를 나타낸다.

日本中(にほんじゅう) 일본 전체　　世界中(せかいじゅう) 전 세계

(2) 「ちゅう」로 읽는 경우

① (시간, 공간적으로) 그 범위 안에 있음을 나타낸다.

今月中(こんげつちゅう) 이달 중　　水中(すいちゅう) 수중

② 지금 그 상태에 있거나 진행 상태를 나타낸다.

会議中(かいぎちゅう) 회의 중　　食事中(しょくじちゅう) 식사 중

一晩中(ひとばんじゅう) 雨(あめ)が 降(ふ)りました。 밤새 비가 내렸습니다.

世界中(せかいじゅう)で 水(みず)が 不足(ふそく)して います。 전 세계에 물이 부족합니다.

ただいま 試験中(しけんちゅう)なので 静(しず)かに して ください。 지금 시험 중이므로 조용히 해 주세요.

工事中(こうじちゅう)ですから 他(ほか)の 道(みち)を 行(い)きましょう。 공사 중이니까 다른 길로 갑시다.

새단어

一晩中(ひとばんじゅう) 밤새

不足(ふそく)する 부족하다

문형 연습하기

보기와 같이 바꿔 봅시다.

1

보기

今晩(こんばん) / 高校(こうこう)の 友(とも)だちに 会(あ)う

➡ A: 今晩(こんばん)は 何(なに)を しますか。

B: 高校(こうこう)の 友(とも)だちに 会(あ)おうと 思(おも)います。

① 休暇(きゅうか) / 海外旅行(かいがいりょこう)を する

➡ ______________________________

② 今週(こんしゅう)の 週末(しゅうまつ) / 富士山(ふじさん)に 登(のぼ)る

➡ ______________________________

③ 明日(あした) / 父(ちち)の 仕事(しごと)を 手伝(てつだ)う

➡ ______________________________

새단어 今晩(こんばん) 오늘 밤 高校(こうこう) 고등학교 休暇(きゅうか) 휴가 海外旅行(かいがいりょこう) 해외여행

2

보기

授業(じゅぎょう)を 受(う)けます / 予習(よしゅう)します

➡ 授業(じゅぎょう)を 受(う)ける 前(まえ)に 予習(よしゅう)して おきます。

① 結婚式(けっこんしき)を 挙(あ)げます / アパートを 探(さが)します

➡ ______________________________

② パーティーを します / プレゼントを 買(か)います

➡ ______________________________

③ お客(きゃく)さんが 来(き)ます / 掃除(そうじ)します

➡ ______________________________

새단어 予習(よしゅう)する 예습하다 結婚式(けっこんしき) 결혼식 挙(あ)げる (식을) 거행하다, 올리다 アパート 아파트

3

보기	
	新(あたら)しい　車(くるま)を　買(か)います ➡ A：<u>新(あたら)しい　車(くるま)を　買(か)う</u>　つもりですか。
	B1：はい、<u>買(か)う</u>　つもりです。
	B2：いいえ、<u>買(か)わない</u>　つもりです。

① 明日(あした)の　バレーボールの　試合(しあい)に　出(で)ます

➡ ________________________________

② お盆休(ぼんやす)みに　国(くに)へ　帰(かえ)ります

➡ ________________________________

③ 国(くに)へ　帰(かえ)る　とき　飛行機(ひこうき)に　乗(の)ります

➡ ________________________________

새단어　バレーボール 배구　お盆休(ぼんやす)み 추석 연휴　国(くに) 나라, 고향

4

보기	
	窓(まど)を　閉(し)める / 開(あ)ける
	➡ A：<u>窓(まど)を　閉(し)めても</u>　いいですか。
	B：<u>窓(まど)を　閉(し)めないで</u>、<u>開(あ)けて</u>　おいて　ください。

① おこづかいを　使(つか)う / 貯(た)める

➡ ________________________________

② 料理(りょうり)を　全部(ぜんぶ)　食(た)べる / 残(のこ)す

➡ ________________________________

③ 電気(でんき)を　消(け)す / つける

➡ ________________________________

새단어　おこづかい 용돈　残(のこ)す 남기다

TRACK 07

회화 연습하기

보기와 같이 단어를 바꿔 말해 봅시다.

1

보기

A: a 連休(れんきゅう)は どう 過(す)ごしますか。
B: b 海外旅行(かいがいりょこう)に 行(い)こうと 思(おも)います。吉田(よしだ)さんは？
A: c 外出(がいしゅつ)しないで、d 家(うち)に いる つもりです。
B: そうですか。

① a 夏休(なつやす)み　b 海(うみ)に 行(い)って 泳(およ)ぐ　c 帰省(きせい)する
d 東京(とうきょう)で ずっと 遊(あそ)ぶ

② a おおみそか　b 年越(としこ)しそばを 食(た)べる　c 寝(ね)る
d 特別番組(とくべつばんぐみ)を 見(み)る

③ a 週末(しゅうまつ)　b 友(とも)だちと 映画(えいが)を 見(み)る　c 朝寝坊(あさねぼう)する　d 掃除(そうじ)する

새단어 連休(れんきゅう) 연휴　外出(がいしゅつ)する 외출하다　帰省(きせい)する 귀성하다　おおみそか 12월 31일
年越(としこ)しそば 도시코시 소바〈해를 넘기며 먹는 국수〉　特別番組(とくべつばんぐみ) 특별 방송　朝寝坊(あさねぼう)する 늦잠자다

2

보기

A: 係長(かかりちょう)、a 会議室(かいぎしつ)の いすを 並(なら)べて おきました。
B: そう、ありがとう。
A: b 会議(かいぎ)の 資料(しりょう)は どうしましょうか。
B: c 配(くば)らないで、d この ケースに 入(い)れて おいて。

① a 飛行機(ひこうき)を 予約(よやく)する　b ホテルの 予約(よやく)
c 予約(よやく)する　d 住所(じゅうしょ)だけ 調(しら)べる

② a 資料(しりょう)を コピーする　b 請求書(せいきゅうしょ)　c コピーする　d ファイルする

③ a 取引先(とりひきさき)に 連絡(れんらく)する　b 報告書(ほうこくしょ)　c 部長(ぶちょう)には 渡(わた)す　d 課長(かちょう)に 渡(わた)す

새단어 係長(かかりちょう) 계장(님)　並(なら)べる 늘어놓다　配(くば)る 나누어 주다　ケース 케이스　請求書(せいきゅうしょ) 청구서
ファイルする 철하다　取引先(とりひきさき) 거래처　報告書(ほうこくしょ) 보고서　部長(ぶちょう) 부장(님)

TRACK 08

듣기 연습하기

1 잘 듣고 빈칸을 채워 봅시다.

① A: 来年(らいねん)は 何(なに)を しますか。

B: (　　　　　　　　　　　　　　　　　　)。

② A: セミナーに 参加(さんか)する つもりですか。

B: いいえ、(　　　　　　　　　　　　　　　　　　)。

③ A: ビールを 冷蔵庫(れいぞうこ)に 入(い)れましょうか。

B: いいえ、冷蔵庫(れいぞうこ)に (　　　　　　　　　　　　　　　　　　)。

④ A: 明日(あした)は 何(なに)を する つもりですか。

B: (　　　　　　　　　　　　　　　　　　) 寝(ね)る つもりです。

새단어 参加(さんか)する 참가하다

2 잘 듣고 고바야시 씨가 하려고 하는 것에 ○표 해 봅시다.

ギターを 買(か)う	ピアノを 買(か)う	サッカーの 試合(しあい)に 出(で)る	テレビを 見(み)る	インターネットを する

勉強(べんきょう)する	単語(たんご)を 調(しら)べる	はやく 起(お)きる	銀行(ぎんこう)に 行(い)く	図書館(としょかん)に 行(い)く

독해 연습하기

다음을 읽고 문제를 풀어 봅시다.

小林さんは ギターを ひいて みたいと 思って いますが、まだ ギターを 持って いません。アルバイトの お金を 貯めて おいたので それで ギターを（　　　　　）。小林さんは まだ 上手じゃ ないので 高い ギターを 買わないで 安い ギターを 買おうと 思って います。李さんは 今週の 土曜日 暇なので 小林さんと いっしょに ギターを 買いに 行きます。

1　（　　　　　）に 入らない ものは どれですか。

① 買う つもりです

② 買って しまいました

③ 買う 予定です

④ 買おうと 思って います

2　ただしい ものは どれですか。

① 小林さんは ギターを 持って いますが、ひいて みたいと 思いません。

② 小林さんは 高い ギターが ほしいと 思って います。

③ ギターは アルバイトで 貯めた お金で 買う ことは できません。

④ 小林さんは 李さんと 今週の 土曜日に ギターを 買いに 行く つもりです。

3과

これは 兄(あに)が くれました

수수동사와 가정표현(~と)을 배워 봅시다.

미리 보기

❶ 田中(たなか)さんは 鈴木(すずき)さんに 何(なに)を あげましたか。

❷ いいえ、まだ 食(た)べて いません。

❸ 韓国(かんこく)に 行(い)く ことに しました。

❹ 橋(はし)を 渡(わた)ると 右(みぎ)に あります。

문형 꽉! 잡기

TRACK 09

1

A: 田中(たなか)さんは 鈴木(すずき)さんに 何(なに)を あげましたか。

B: 田中(たなか)さんは 鈴木(すずき)さんに きれいな 花(はな)を あげました。

2

A: もう お昼(ひる)ごはんを 食(た)べましたか。

B: いいえ、まだ 食(た)べて いません。

3

A: 海外旅行(かいがいりょこう)は どこに 行(い)く つもりですか。

B: 韓国(かんこく)に 行(い)く ことに しました。

4

A: 銀行(ぎんこう)は どこですか。

B: 橋(はし)を 渡(わた)ると 右(みぎ)に あります。

새단어

～ことにする ~하기로 하다　橋(はし) 다리　渡(わた)る 건너다　～と ~하면, ~하자, ~하더니

회화로 또! 확인하기

TRACK 10

야마모토와 김우진이 이유리의 생일 선물에 대해 이야기하고 있습니다.

山本(やまもと)　金(キム)さん、その ネクタイ すてきですね。

金(キム)　ありがとうございます。誕生日(たんじょうび)に 李(イ)さんから もらいました。

山本(やまもと)　その ネクタイピンも もらいましたか。

金(キム)　いいえ、これは 兄(あに)が くれました。

山本(やまもと)　あ、来週(らいしゅう)は 李(イ)さんの 誕生日(たんじょうび)ですね。
もう プレゼントは 買(か)いましたか。

金(キム)　いいえ、まだ 買(か)って いません。でも、ハンカチを あげようと 思(おも)います。山本(やまもと)さんは 決(き)めましたか。

山本(やまもと)　李(イ)さんは おしゃれだから、イヤリングを あげる ことに しました。

金(キム)　ハンカチの プレゼントは 大丈夫(だいじょうぶ)かな。

山本(やまもと)　大丈夫(だいじょうぶ)ですよ。きっと 喜(よろこ)びますよ。青山(あおやま)の お店(みせ)に 行(い)くと、すてきな ハンカチが たくさん ありますから、いっしょに 買(か)いに 行(い)きましょう。

새단어

ネクタイ 넥타이　もらう 받다　ネクタイピン 넥타이 핀　くれる (남이 나에게) 주다　決(き)める 정하다, 결정하다
おしゃれだ 세련되다　イヤリング 귀걸이　～かな ~일까, ~할까　きっと 꼭, 반드시　喜(よろこ)ぶ 기뻐하다　青山(あおやま) 아오야마〈지명〉

문형 쏙! 정리하기

1 あげる・くれる / もらう 주다 / 받다

물건이나 이익이 되는 행동을 주고 받는 표현을 수수표현이라 한다. 3과에서는 먼저 물건을 주고 받는 경우를 살펴본다.
일본어의 경우 '주다'라는 표현이 두 가지로 나뉜다. 내가 타인에게 줄 때와 타인이 나에게 줄 때의 표현이 다르므로 주의해야 한다.

(1) あげる(주다) : 나/가족 → 타인, 타인 → 타인

주는 사람が(は) 받는 사람に 물건を あげる

私(わたし)は 友(とも)だちに 香水(こうすい)を あげました。 나는 친구에게 향수를 주었습니다.

私(わたし)の 妹(いもうと)は 子(こ)どもに 人形(にんぎょう)を あげました。 나의 여동생은 아이에게 인형을 주었습니다.

山田(やまだ)さんが 本田(ほんだ)さんに 花(はな)を あげました。 야마다 씨가 혼다 씨에게 꽃을 주었습니다.

(2) くれる(주다) : 타인 → 나/가족

주는 사람が(は) 받는 사람に 물건を くれる

友(とも)だちが 私(わたし)に コーヒーを くれました。 친구가 나에게 커피를 주었습니다.

近所(きんじょ)の おじさんが 私(わたし)の 息子(むすこ)に お菓子(かし)を くれました。
이웃 아저씨가 내 아들에게 과자를 주었습니다.

父(ちち)は 私(わたし)に おこづかいを くれました。 아빠는 나에게 용돈을 주었습니다.

(3) もらう(받다) : 주고 받는 사람에 관계없이 쓰임

받는 사람が(は) 주는 사람に(から) 물건を もらう

私(わたし)は 先生(せんせい)に 本(ほん)を もらいました。 나는 선생님에게 책을 받았습니다.

甥(おい)は みんなから プレゼントを もらいました。
조카는 모두로부터 선물을 받았습니다.

새단어

香水(こうすい) 향수
おじさん 아저씨
息子(むすこ) 아들
甥(おい) 조카
みんな 모두

2 もう ～ましたか 벌써(이미) ~했습니까?
まだ ～て いません 아직 ~하지 않았습니다

'벌써, 이미'라는 뜻의 「もう」와 과거동사가 함께 쓰여 질문의 형태로 쓰이면 '벌써, 이미 ~했습니까?'의 뜻이 된다. 부정의 대답으로는 「まだ」와 「～て いません」을 같이 써서 '아직 ~하지 않았습니다'라고 쓴다. 이것은 미완료의 의미이며, 「まだ ～ませんでした」가 되지 않도록 주의한다. 긍정의 대답은 「もう ～ました」가 된다.

A：もう 雨(あめ)は 止(や)みましたか。 비는 벌써 그쳤습니까?
B：いいえ、まだ 止(や)んで いません。 아니요, 아직 그치지 않았습니다.

A：もう 連絡(れんらく)を しましたか。 벌써 연락을 했습니까?
B：いいえ、まだ して いません。 아니요, 아직 하지 않았습니다.

もう この 映画(えいが)を 見(み)ました。 이미 이 영화를 봤습니다.

3 동사의 사전형＋ことに する ~하기로 하다
동사의 ない형＋ない ことに する ~하지 않기로 하다

자기 자신의 의지로 결심이나 결정을 할 때 쓰는 표현으로, 결정하기 직전의 의지는 「～ことに する(~하기로 하다)」로 나타내고, 결정된 이후의 의지는 「～ことに した(~하기로 했다)」로 나타낸다.

明日(あした) 業績(ぎょうせき)を 報告(ほうこく)する ことに します。 내일 업적을 보고하기로 하겠습니다.

シンポジウムに 参加(さんか)しない ことに します。
심포지엄에 참가하지 않기로 하겠습니다.

夕食(ゆうしょく)は レストランで 食(た)べる ことに しました。
저녁 식사는 레스토랑에서 먹기로 했습니다.

年末(ねんまつ) 帰国(きこく)しない ことに しました。 연말에 귀국하지 않기로 했습니다.

새단어

業績(ぎょうせき) 업적
報告(ほうこく)する 보고하다
シンポジウム 심포지엄
帰国(きこく)する 귀국하다

4 동사의 사전형 / い형용사·な형용사 사전형 + と ~하면, ~하자, ~더니

앞의 동작이 계기가 되어, 그 결과 뒤의 일이 계속해서 일어날 경우 사용하는 가정·조건표현이다. 주로 자연 현상, 불변의 진리, 반복적인 일이나 습관 등에 쓰이며, 뒤 문장에 의지, 희망, 권유, 의뢰 등의 표현은 쓸 수 없다.

※な형용사는 사전에 「だ」가 없지만, 혼동을 피하기 위해 기본형을 사전형으로 취급한다.

春(はる)に なると あたたかく なります。 봄이 되면 따뜻해집니다.

お酒(さけ)を 飲(の)むと いつも 顔(かお)が 赤(あか)く なります。 술을 마시면 항상 얼굴이 빨개집니다.

字(じ)が 小(ち)さいと 読(よ)めません。 글자가 작으면 읽을 수 없습니다.

使(つか)い方(かた)が 簡単(かんたん)だと 便利(べんり)です。 사용법이 간단하면 편리합니다.

새단어

春(はる) 봄

いつも 항상, 언제나

顔(かお) 얼굴

문형 연습하기

보기와 같이 바꿔 봅시다.

1

보기

本(ほん) / あげる（私(わたし) → 田中(たなか)さん）

→ 私(わたし)は 田中(たなか)さんに 本(ほん)を あげました。

① プレゼント / くれる（金(キム)さん → 私(わたし)）

→ ______________________________

② 花(はな) / あげる（私(わたし) → 李(イ)さん）

→ ______________________________

③ 缶(かん)コーヒー / もらう（私(わたし)の 弟(おとうと) ← ワンさん）

→ ______________________________

새단어 缶(かん)コーヒー 캔커피

2

보기

本(ほん)を 買(か)う → A：もう 本(ほん)を 買(か)いましたか。

B1：はい、もう 買(か)いました。

B2：いいえ、まだ 買(か)って いません。

① 宿題(しゅくだい)を する

→ ______________________________

② 肉(にく)が 焼(や)ける

→ ______________________________

③ 手紙(てがみ)が 届(とど)く

→ ______________________________

새단어 肉(にく) 고기 焼(や)ける 타다, 구워지다 届(とど)く 도착하다, 닿다

3

보기

プレゼントを　あげます / ことに　します

➡ プレゼントを　あげる　ことに　します。

➡ プレゼントを　あげない　ことに　します。

① 新(あたら)しい　車(くるま)を　買(か)います / ことに　します

➡ ______________________________

② 日本(にほん)へ　留学(りゅうがく)します / ことに　します

➡ ______________________________

③ 電話番号(でんわばんごう)を　教(おし)えます / ことに　します

➡ ______________________________

새단어 電話番号(でんわばんごう) 전화번호

4

보기

予約(よやく)する / 本(ほん)が　買(か)える

➡ 予約(よやく)すると　本(ほん)が　買(か)えます。

➡ 予約(よやく)しないと　本(ほん)が　買(か)えません。

① はたちに　なる / タバコが　吸(す)える

➡ ______________________________

② ボタンを　押(お)す / チケット　出(で)る

➡ ______________________________

③ 朝(あさ)　7時(しちじ)に　出(で)る / 間(ま)に合(あ)う

➡ ______________________________

새단어 はたち 20세, 스무 살　間(ま)に合(あ)う 시간에 대다

TRACK 11

회화 연습하기

보기와 같이 단어를 바꿔 말해 봅시다.

1

보기

A: いつ a 出発(しゅっぱつ)しますか。

B: b あさって a 出発(しゅっぱつ)する ことに しました。

A: もう c チケットは d 買(か)いましたか。

B: いいえ、まだ d 買(か)って いません。

① a 入隊(にゅうたい)する　b 今年(ことし)の 秋(あき)　c 休学届(きゅうがくとどけ)　d 出(だ)す

② a 故郷(こきょう)に 帰(かえ)る　b 来週(らいしゅう)　c 飛行機(ひこうき)　d 予約(よやく)する

③ a 引(ひ)っ越(こ)す　b 今月末(こんげつまつ)　c 荷物(にもつ)　d まとめる

새단어 あさって 모레　入隊(にゅうたい)する 입대하다　今年(ことし) 올해, 금년　秋(あき) 가을　休学届(きゅうがくとどけ) 휴학계　故郷(こきょう) 고향　引(ひ)っ越(こ)す 이사하다　今月末(こんげつまつ) 이달 말

2

보기

A: クリスマスに 何(なに)を a あげましたか。

B: 鈴木(すずき)さんに b 手袋(てぶくろ)を a あげました。

A: その マフラーは c 田中(たなか)さんに d もらいましたか。

B: はい、そうです。

① a もらう　b 帽子(ぼうし)　c 吉田(よしだ)さんに　d もらう

② a もらう　b セーター　c 木村(きむら)さんが　d くれる

③ a あげる　b 靴下(くつした)　c 渡辺(わたなべ)さんが　d くれる

새단어 手袋(てぶくろ) 장갑　帽子(ぼうし) 모자　セーター 스웨터　靴下(くつした) 양말

TRACK 12

듣기 연습하기

1 잘 듣고 빈칸을 채워 봅시다.

① A：鈴木(すずき)さんは 田中(たなか)さんに （　　　　　　　　　　　　　　　　　　　　　　）。
　B：鈴木(すずき)さんは 田中(たなか)さんに 映画(えいが)の チケットを もらいました。

② A：（　　　　　　　　　　　　　　　　　　　　　　　　　　　　　　　　　）。
　B：いいえ、まだ 終(お)わって いません。

③ A：昼食(ちゅうしょく)は どこで 食(た)べますか。
　B：昼食(ちゅうしょく)は そば屋(や)で （　　　　　　　　　　　　　　　　　　　　）。

④ A：（　　　　　　　　　　　　　　　　　　　　　　　　　　　　　　　　　）。
　B：交差点(こうさてん)が あります。

새단어 昼食(ちゅうしょく) 점심 식사　そば屋(や) 소바 가게　まっすぐ 곧장　交差点(こうさてん) 교차로

2 잘 듣고 물건의 이동 방향을 화살표로 표시해 봅시다.

①

（　　　　　）

②

（　　　　　）

③

（　　　　　）

④

（　　　　　）

독해 연습하기

다음을 읽고 문제를 풀어 봅시다.

金(キム)さんの　ネクタイは　誕生日(たんじょうび)に　李(イ)さんから　もらった　ものです。ネクタイピンは　お兄(にい)さんが　くれた　ものです。来週(らいしゅう)は　李(イ)さんの　誕生日(たんじょうび)です。金(キム)さんは　李(イ)さんに　イヤリングを　あげる　ことに　して、山本(やまもと)さんは　ハンカチと　花(はな)を　あげる　ことに　しました。金(キム)さんは　まだ　プレゼントを　買(か)って　いません。青山(あおやま)に　行(い)くと　すてきな　イヤリングが　あるので　山本(やまもと)さんと　いっしょに　プレゼントを　買(か)いに　行(い)く　ことに　しました。

1　金(キム)さんが お兄(にい)さんから もらった 誕生日(たんじょうび) プレゼントは 何(なん)ですか。

① ネクタイ

② イヤリング

③ ハンカチ

④ ネクタイピン

2　金(キム)さんが 李(イ)さんに あげる 誕生日(たんじょうび) プレゼントは 何(なん)ですか。

① イヤリング

② ハンカチ

③ 花(はな)

④ まだ 決(き)めて いません

함께 읽어보는 일본의 문화

제스처

일본에서 많이 사용하는 제스처에는 어떤 것이 있을까요?

그 제스처에는 어떤 의미가 있는지 알아봅시다.

검지로 자신의 코를 가리키는 동작: '나?', '저요?' 하고 자신을 가리킬 때 사용합니다.

음식 앞에서 합장하듯 양손을 모으는 동작: '잘 먹겠습니다'라는 뜻을 나타냅니다.

손을 세워 얼굴 앞에서 좌우로 흔드는 동작: '아닙니다'라는 부정의 뜻을 나타냅니다.

합장하듯 양손을 모으는 동작: 미안함을 나타낼 때 사용합니다.

서로 새끼손가락을 거는 동작: 우리나라와 마찬가지로 약속할 때 사용합니다.

4과

ガイドさんに 撮(と)って もらいました

수수표현과 가정표현(~ば, ~なら)을 배워 봅시다.

미리 보기

❶ 誰(だれ)が 引(ひ)っ越(こ)しを 手伝(てつだ)って くれましたか。

❷ どう 開(あ)ければ いいですか。

❸ 飛行機(ひこうき)なら 間(ま)に合(あ)います。

❹ コンピューター会社(がいしゃ)の 住所(じゅうしょ)が わかりますか。

문형 꽉! 잡기

TRACK 13

1

A: 誰(だれ)が　引(ひ)っ越(こ)しを　手伝(てつだ)って　くれましたか。

B: 先輩(せんぱい)に　手伝(てつだ)って　もらいました。

2

A: どう　開(あ)ければ　いいですか。

B: ここの　ボタンを　押(お)して　開(あ)けて　ください。

3

A: 今(いま)から　出発(しゅっぱつ)して　間(ま)に合(あ)いますか。

B: 飛行機(ひこうき)なら　間(ま)に合(あ)います。

4

A: コンピューター会社(がいしゃ)の　住所(じゅうしょ)が　わかりますか。

B: いいえ、電話番号(でんわばんごう)は　わかりますが、住所(じゅうしょ)は　わかりません。

새 단어

～てくれる (남이 나에게) ~해 주다　先輩(せんぱい) 선배　～てもらう ~해 받다, ~해 주다　どう 어떻게　～ば ~면　～なら ~라면

회화로 또! 확인하기

TRACK 14

김우진과 야마모토, 야마모토의 어머니가 한국 여행에 대하여 이야기하고 있습니다.

金(キム)	これは 韓国旅行(かんこくりょこう)の 写真(しゃしん)ですか。
山本(やまもと)	ええ、去年(きょねん) 母(はは)と 韓国(かんこく)を 旅行(りょこう)した ときに、ガイドさんに 撮(と)って もらいました。
金(キム)	そうですか。旅行(りょこう)は どうでしたか。
山本(やまもと)の母(はは)	私(わたし)と 娘(むすめ)は 韓国語(かんこくご)が よく わからないので 心配(しんぱい)でしたが、ガイドの 方(かた)が 日本語(にほんご)で 親切(しんせつ)に 案内(あんない)して くれたので とても 楽(たの)しかったです。
金(キム)	それは よかったですね。ガイドさんが いれば 海外(かいがい)でも 安心(あんしん)して 旅行(りょこう)が 楽(たの)しめますね。
山本(やまもと)	金(キム)さんには 私(わたし)が 日本(にほん)の いろいろな ところを 案内(あんない)して あげますね。
山本(やまもと)の母(はは)	そうですね。近(ちか)い ところなら 私(わたし)も 案内(あんない)しますよ。
金(キム)	ありがとうございます。じゃ、お二人(ふたり)が 韓国(かんこく)に いらっしゃった ときは 私(わたし)が 案内(あんない)します。

새 단어

去年(きょねん) 작년　ガイド 가이드, 안내인　娘(むすめ) 딸　海外(かいがい) 해외　安心(あんしん)する 안심하다　楽(たの)しめる 즐길 수 있다　～てあげる ～해 주다
二人(ふたり) 두 명

문형 쏙! 정리하기

1 ～て あげる・～て くれる/～て もらう ~해 주다 / ~해 받다

3과에서는 물건을 주고 받는 경우의 수수표현을 살펴보았다. 이 과에서는 이익이 되는 일이나 행동을 주고 받는 수수표현을 살펴보자. 물건의 수수표현과 마찬가지로 행동의 수수표현도 '주다'라는 표현이 두 가지로 나뉜다. 내가 타인에게 줄 때와 타인이 나에게 줄 때에 따라 각각「～てあげる」,「～てくれる」로 구분된다.

(1) ～て あげる(~해 주다) : 나/가족 → 타인, 타인 → 타인

주는 사람が(は) 받는 사람に 일, 물건, 사람を ～て あげる

私(わたし)は 弟(おとうと)に プラモデルを 作(つく)って あげます。
나는 남동생에게 조립 모형을 만들어 줍니다.

山田(やまだ)さんは 鈴木(すずき)さんの 宿題(しゅくだい)を 手伝(てつだ)って あげました。
야마다 씨는 스즈키 씨의 숙제를 도와주었습니다.

(2) ～て くれる(~해 주다) : 타인 → 나/가족

주는 사람が(は) 받는 사람に 일, 물건, 사람を ～て くれる

父(ちち)は (私(わたし)に) パソコンを 買(か)って くれました。
아버지는 (나에게) 컴퓨터를 사 주셨습니다.

山本(やまもと)さんは (私(わたし)に) 家族(かぞく)の 写真(しゃしん)を 見(み)せて くれました。
야마모토 씨는 (나에게) 가족 사진을 보여 주었습니다.

(3) ～て もらう(~해 받다) : 주고 받는 사람에 관계없이 쓰인다. 한국어에는 '~해 받다'라는 표현이 없으므로, 주는 사람의 입장인 '~해 주다'로 해석하는 것이 자연스럽다.

받는 사람が(は) 주는 사람に(から) 일, 물건, 사람を ～て もらう

私(わたし)は 友(とも)だちに マンガを 貸(か)して もらいました。 나는 친구에게 만화를 빌렸습니다.

山本(やまもと)さんは マイケルさんに 英語(えいご)を 教(おし)えて もらいました。
야마모토 씨는 마이클 씨에게 영어를 가르쳐 받았습니다. (= 마이클 씨가 야마모토 씨에게 영어를 가르쳐 주었습니다.)

새단어

プラモデル 조립 모형

2 ～ば(가정형) ~면

「ば」는 어떤 사실이 실현될 것을 가정하고 그 사실을 조건으로 내세워 말할 때 쓰는 가정표현이다. 논리적 사실, 진리, 법칙 등에도 쓰인다.

종류		활용 방법	예
동사	1그룹동사	어미 う단 → え단+ば	書く 쓰다 → 書けば 쓰면 泳ぐ 헤엄치다 → 泳げば 헤엄치면 会う 만나다 → 会えば 만나면 待つ 기다리다 → 待てば 기다리면 取る 잡다 → 取れば 잡으면 死ぬ 죽다 → 死ねば 죽으면 遊ぶ 놀다 → 遊べば 놀면 飲む 마시다 → 飲めば 마시면 話す 말하다 → 話せば 말하면
	2그룹동사	어미 る → ~~る~~+れば	見る 보다 → 見れば 보면 食べる 먹다 → 食べれば 먹으면
	3그룹동사	불규칙 활용	する 하다 → すれば 하면 来る 오다 → 来れば 오면
い형용사		어미 い → ~~い~~+ければ	忙しい 바쁘다 → 忙しければ 바쁘면 寒い 춥다 → 寒ければ 추우면
な형용사		어미 だ → ~~だ~~+なら(ば)	暇だ 한가하다 → 暇なら(ば) 한가하면 大切だ 소중하다 → 大切なら(ば) 소중하면
명사		명사+なら(ば)	春 봄 → 春なら(ば) 봄이라면 田中さん 다나카 씨 → 田中さんなら(ば) 다나카 씨라면

新幹線の きっぷは どこで 買えば いいですか。 신칸센 표는 어디서 사면 됩니까?

ご飯を 食べなければ 元気が でません。 밥을 먹지 않으면 힘이 나지 않습니다.

都合が よければ 参加して ください。 사정이 괜찮으면 참가해 주세요.

子どもは 熱が あっても、元気ならば 大丈夫です。
아이는 열이 있어도 씩씩하면 괜찮아요.

雨ならば 運動会は 中止です。 비가 오면 운동회는 취소됩니다.

새단어

都合 사정, 상황
運動会 운동회
中止する 중지하다

3 ～が わかる ～을(를) 알다, ～을(를) 이해하다

「わかる」는 자동사이므로 조사는 「を」가 아닌 「が」를 사용하여 '～을 알다, 이해하다'라는 뜻을 나타낸다.

カメラの 使(つか)い方(かた)が わかります。 카메라의 사용법을 압니다.

銀座(ぎんざ)に 行(い)く 道(みち)が わかりません。 긴자에 가는 길을 모르겠습니다.

日本語(にほんご)が わかる 人(ひと)は いますか。 일본어를 아는 사람은 있습니까?

終電(しゅうでん)の 時間(じかん)が わかれば 教(おし)えて ください。
막차 시간을 알면 가르쳐 주세요.

새단어

- 銀座(ぎんざ) 긴자〈지명〉
- 終電(しゅうでん) 마지막 전철

4 동사의 사전형 / い형용사의 사전형 / な형용사 어간 / 명사 ＋なら ～(이)라면, ～거라면, ～다면

「なら」는 앞의 사실을 전제로 하여 그 사실에 대한 화자의 행동, 의지, 조언, 판단을 서술하거나 정보를 줄 때 쓴다.

田中(たなか)さんが 行(い)くなら 私(わたし)も 行(い)きます。 다나카 씨가 간다면 나도 가겠습니다.

頭(あたま)が とても 痛(いた)いなら 帰(かえ)った 方(ほう)が いいです。 머리가 많이 아프다면 집에 가는 게 좋아요.

週末(しゅうまつ) 暇(ひま)なら 遊(あそ)びに 行(い)きませんか。 주말에 한가하면 놀러 가지 않겠습니까?

大(おお)きい かばんなら 全部(ぜんぶ) 入(はい)ります。 큰 가방이라면 전부 들어갑니다.

문형 연습하기

보기와 같이 바꿔 봅시다.

1

보기

金(キム)さんは 友(とも)だちに 本(ほん)を 貸(か)して あげました。(~て もらう)

➡ 友(とも)だちは 金(キム)さんに 本(ほん)を 貸(か)して もらいました。

① 母(はは)は 妹(いもうと)に 服(ふく)を 送(おく)って あげました。(~て もらう)

➡ ______________________________

② 李(イ)さんは 田中(たなか)さんに 料理(りょうり)を 作(つく)って あげました。(~て もらう)

➡ ______________________________

③ 金(キム)さんは 鈴木(すずき)さんに ハングルを 教(おし)えて あげました。(~て もらう)

➡ ______________________________

새단어 ハングル 한글

2

보기

友(とも)だち / 私(わたし) / 道(みち)を 教(おし)える

➡ 友(とも)だちは 私(わたし)に 道(みち)を 教(おし)えて くれました。

① 田中(たなか)さん / 私(わたし)の 妹(いもうと) / 料理(りょうり)の 作(つく)り方(かた)を 教(おし)える

➡ ______________________________

② 先生(せんせい) / 弟(おとうと) / 資料(しりょう)を 見(み)せる

➡ ______________________________

③ 友(とも)だち / 私(わたし) / ごちそうを 作(つく)る

➡ ______________________________

새단어 ごちそう 맛있는 음식

3

보기

はやく 寝(ね)る / はやく 起(お)きられる

➡ はやく 寝(ね)れば はやく 起(お)きられます。

① 味(あじ)が うすい / 塩(しお)を 入(い)れる

➡ ______________________________

② 雨(あめ)が 降(ふ)る / 試合(しあい)は 中止(ちゅうし)だ

➡ ______________________________

③ 学生(がくせい) / 誰(だれ)でも 参加(さんか)できる

➡ ______________________________

새단어 味(あじ) 맛　うすい (맛이) 싱겁다, 담백하다　味(あじ)がうすい 맛이 싱겁다

4

보기

明日(あした) 雨(あめ)だ / 私(わたし)は 行(い)く ➡ A: 明日(あした) 雨(あめ)なら どうしますか。

B: 私(わたし)は 行(い)きません。

① 重(おも)い ものだ / 私(わたし)は 持(も)てる

➡ ______________________________

② シャツが 派手(はで)だ / 私(わたし)は 着(き)る

➡ ______________________________

③ 暑(あつ)い / 私(わたし)は 出(で)かける

➡ ______________________________

새단어 持(も)てる 들 수 있다　シャツ 셔츠

TRACK 15

회화 연습하기

보기와 같이 단어를 바꿔 말해 봅시다.

1

보기

A: a この クッキーは 姉(あね)が b 焼(や)いて くれました。

B: お姉(ねえ)さんは やさしい 方(かた)なんですね。

A: はい、いつも 私(わたし)は 姉(あね)に c クッキーを b 焼(や)いて もらいます。

B: d 時間(じかん)が あれば 私(わたし)も c クッキーを b 焼(や)いて あげますね。

① a この 料理(りょうり)　b 作(つく)る　c 料理(りょうり)　d 材料(ざいりょう)が そろう

② a この 宿題(しゅくだい)　b 手伝(てつだ)う　c 宿題(しゅくだい)　d 問題(もんだい)が 難(むずか)しく ない

③ a この 服(ふく)　b 選(えら)ぶ　c 服(ふく)　d 機会(きかい)が ある

새단어 そろう 갖추다　機会(きかい) 기회

2

보기

A: a 英語(えいご)が わかりますか。

B: b 日常会話(にちじょうかいわ)なら わかります。

A: c アメリカに 電話(でんわ)を かけたいんですが……。

B: じゃ、d 通訳(つうやく)して あげますね。

① a 地下鉄(ちかてつ)の 路線(ろせん)　b 都心部(としんぶ)　c 新宿(しんじゅく)に 行(い)く　d 案内(あんない)する

② a 昔(むかし)の ハングル　b 今(いま)の ハングル
c 朝鮮時代(ちょうせんじだい)の 本(ほん)を 読(よ)む　d 韓国語(かんこくご)の 先生(せんせい)に 聞(き)く

③ a 翻訳(ほんやく)アプリの 使(つか)い方(かた)　b 基本的(きほんてき)な こと
c この 文書(ぶんしょ)を 翻訳(ほんやく)する　d 手伝(てつだ)う

새단어 日常会話(にちじょうかいわ) 일상회화　通訳(つうやく)する 통역하다　路線(ろせん) 노선　都心部(としんぶ) 도심부　朝鮮時代(ちょうせんじだい) 조선시대
翻訳(ほんやく)アプリ 번역 앱　基本的(きほんてき)だ 기본적이다　文書(ぶんしょ) 문서　翻訳(ほんやく)する 번역하다

듣기 연습하기

1 잘 듣고 빈칸을 채워 봅시다.

① A：引(ひ)っ越(こ)しは どうしましたか。

B：（　　　　　　　　　　　　　　　　　　　　）。

② A：漢字(かんじ)の 意味(いみ)が わからない ときは どう すれば いいですか。

B：（　　　　　　　　　　　　　　　　　　　　）。

③ A：おいしい ケーキが 買(か)いたいんですが……。

B：（　　　　　　　　　　　　　　　　　　　　）。

④ A：ケータイは 持(も)って いますか。

B：ケータイは 持(も)って いますが、

（　　　　　　　　　　　　　　　　　　　　）。

새단어 **意味(いみ)** 의미 **駅前(えきまえ)** 역 앞 **ケーキ屋(や)** 케이크 가게 **送(おく)り方(かた)** 보내는 법

2 잘 듣고 물음에 답해 봅시다.

① ブローチを 買(か)った 人(ひと)は 誰(だれ)ですか。（　　　　　　）

② ワンピースを 買(か)った 人(ひと)は 誰(だれ)ですか。（　　　　　　）

③ ワンピースを もらった 人(ひと)は 誰(だれ)ですか。（　　　　　　）

④ ジーパンを もらった 人(ひと)は 誰(だれ)ですか。（　　　　　　）

새단어 **ブローチ** 브로치 **ワンピース** 원피스 **ジーパン** 청바지 **帰(かえ)り** 돌아올 때, 돌아갈 때

독해 연습하기

다음을 읽고 문제를 풀어 봅시다.

山本(やまもと)さんと 山本(やまもと)さんの お母(かあ)さんは 去年(きょねん) 韓国(かんこく)を 旅行(りょこう)しました。山本(やまもと)さんたちは 韓国語(かんこくご)が よく わかりませんでしたが、ガイドさんが 日本語(にほんご)で 案内(あんない)して くれました。ガイドさんに 写真(しゃしん)も 撮(と)って もらって とても 楽(たの)しい 旅行(りょこう)でした。ガイドさんが いれば 海外旅行(かいがいりょこう)も 安心(あんしん)です。李(イ)さんには 日本(にほん)を 案内(あんない)して くれる ガイドさんが いないので、山本(やまもと)さんが 案内(あんない)して あげる つもりです。山本(やまもと)さんの お母(かあ)さんも 近(ちか)い ところなら 案内(あんない)しようと 思(おも)って います。

1 ただしい ものは どれですか。

① 韓国旅行(かんこくりょこう)の とき 山本(やまもと)さんたちは ガイドさんに 写真(しゃしん)を 撮(と)って あげました。

② 韓国旅行(かんこくりょこう)の とき 山本(やまもと)さんたちは ガイドさんに 日本語(にほんご)で 案内(あんない)して もらいました。

③ 山本(やまもと)さんは 李(イ)さんに 日本(にほん)を 案内(あんない)して もらう つもりです。

④ 山本(やまもと)さんには 李(イ)さんが 日本(にほん)を 案内(あんない)して あげる つもりです。

2 ただしい ものは どれですか。

① 山本(やまもと)さんたちは 韓国語(かんこくご)が よく わからなかったので 旅行(りょこう)は 楽(たの)しく なかったです。

② ガイドさんが いれば 海外旅行(かいがいりょこう)も 安心(あんしん)で 楽(たの)しめます。

③ 山本(やまもと)さんの お母(かあ)さんは 李(イ)さんに 近(ちか)い ところなら 案内(あんない)して もらおうと 思(おも)って います。

④ 李(イ)さんは ガイドさんに 日本(にほん)を 案内(あんない)して もらおうと 思(おも)って います。

일본의 설 음식

우리나라의 설과 비슷한 명절로 일본에는 오쇼가쓰(お正月)가 있습니다. 신년을 맞이하는 것을 축하하는 명절이며, 보통 1월1일부터 3~7일 동안 쉽니다. 이 때는 가족들이 모여 명절 음식을 먹고 신사나 절을 찾아 참배를 합니다. 새해 첫 참배를 하쓰모데(初もうで)라고 합니다.

오조니(お雑煮)

오조니는 일본식 떡국으로 떡, 무, 어묵, 토란, 닭고기 등을 넣고 소금이나 간장, 또는 된장으로 간을 해서 끓인 국물 요리입니다. 오조니에 사용하는 떡은 덩어리가 크고 찰지고, 떡을 구워서 넣기도 합니다.

오세치(お節) 요리

오세치 요리는 생선, 채소, 어묵 등을 국물 없이 달짝지근하게 조리거나, 굽거나, 초절임을 한 요리입니다. 보존성이 높아 칠기 찬합에 담아두고 연휴 동안 끼니 때마다 덜어 먹습니다.

오세치 요리는 이들 재료의 하나하나에 행복을 비는 의미가 담겨 있습니다. 새우는 등이 굽을 정도의 장수, 구멍이 많은 연근은 앞날을 내다보는 지혜, 청어알은 자손의 번성 등의 의미가 있습니다.

가가미모치(鏡餅)

가가미모치는 거울처럼 둥글고 납작한 모양의 크고 작은 떡을 포개고 그 위에 귤이나 등자 열매로 장식한 것입니다. 한 해의 안녕을 기원하며 신에게 바치는 공물로 도코노마(床の間)에 놓습니다. 지방에 따라 차이가 있으나 대개 1월 11일경 단단해진 떡을 쪼개서 오조니나 팥죽으로 끓여 먹습니다.

5과

まるで 本当(ほんとう)の 中国(ちゅうごく)の ようですよ

가정표현(~たら)과 추측표현(~ようだ)을 배워 봅시다.

미리 보기

❶ お金(かね)が あったら 何(なに)を したいですか。
❷ まるで 歌手(かしゅ)の ようです。
❸ 山(やま)に 行(い)くのが 好(す)きですか。海(うみ)に 行(い)くのが 好(す)きですか。
❹ 住所(じゅうしょ)は 書(か)かなくても いいですか。

문형 꽉! 잡기

TRACK 17

1

A: お金(かね)が あったら 何(なに)を したいですか。

B: 車(くるま)を 買(か)いたいです。

2

A: 木村(きむら)さんは 歌(うた)が とても 上手(じょうず)ですね。

B: そうですね。まるで 歌手(かしゅ)の ようです。

3

A: 山(やま)に 行(い)くのが 好(す)きですか。海(うみ)に 行(い)くのが 好(す)きですか。

B: 山(やま)に 行(い)くのが 好(す)きです。

4

A: 住所(じゅうしょ)は 書(か)かなくても いいですか。

B: はい、電話番号(でんわばんごう)だけで いいです。

새 단어

～たら ~하면　まるで 마치　～ようだ ~인 것 같다　～の ~것　～なくてもいい ~하지 않아도 된다

회화로 또! 확인하기

TRACK 18

고바야시와 이유리가 연휴 계획에 대해 이야기하고 있습니다.

小林(こばやし)　連休(れんきゅう)に　なったら　いっしょに　ドライブに　行(い)きませんか。

李(イ)　ええ、いいですね。金(キム)さんと　山本(やまもと)さんも　誘(さそ)いましょう。
どこが　いいですか。

小林(こばやし)　横浜(よこはま)の　中華街(ちゅうかがい)は　どうですか。中華料理屋(ちゅうかりょうりや)や　中国風(ちゅうごくふう)の　建物(たてもの)が
たくさん　あって、まるで　本当(ほんとう)の　中国(ちゅうごく)の　ようですよ。

李(イ)　横浜(よこはま)の　中華街(ちゅうかがい)ですか。行(い)って　みたいです。

小林(こばやし)　じゃ、4人(よにん)で　中華街(ちゅうかがい)に　行(い)って　食事(しょくじ)しましょう。

李(イ)　どこの　お店(みせ)に　行(い)くのが　いいですか。

小林(こばやし)　大通(おおどお)りから　ちょっと　入(はい)った　ところに　有名(ゆうめい)な　肉(にく)まんの
お店(みせ)が　あります。そこに　行(い)きましょう。

李(イ)　そうですか。私(わたし)は　肉(にく)まんが　大好(だいす)きです。予約(よやく)は　しなくても
いいですか。

小林(こばやし)　ええ、しなくても　大丈夫(だいじょうぶ)です。小(ちい)さい　お店(みせ)ですから。

李(イ)　連休(れんきゅう)が　楽(たの)しみですね。

새단어

中華街(ちゅうかがい) 중화 거리　**中華料理屋**(ちゅうかりょうりや) 중화요리점　**中国風**(ちゅうごくふう) 중국풍　**建物**(たてもの) 건물　**本当**(ほんとう) 진짜임, 정말임　**大通り**(おおどおり) 큰길
肉まん(にくまん) 고기만두　**楽しみ**(たのしみ) 기다려짐, 고대

문형 쏙! 정리하기

1

동사·형용사의 た형
명사 + だっ **+ たら** ~하면, ~더니

특정적이며 개별적인 사항에 쓰는 가정표현이다. 일회적인 사항에 쓰는 경우가 많으며 뒤 문장에 명령, 의지, 권유, 희망표현을 쓸 수 있다.

時間(じかん)が あったら 遊(あそ)びに 来(き)て ください。 시간이 있다면 놀러 와 주세요.

天気(てんき)が よかったら 遠足(えんそく)に 行(い)きましょう。 날씨가 좋으면 소풍 갑시다.

もし 好(す)きだったら 食(た)べて ください。 만약 좋아한다면 드세요.

今度(こんど)の 試験(しけん)が いい 成績(せいせき)だったら うれしいです。
이번 시험이 좋은 성적이라면 기쁠 겁니다.

새단어
遠足(えんそく) 소풍
もし 만약

2

동사·い형용사 보통체형
な형용사 어간 + な **+ ようだ** ~인 듯하다, ~인 것 같다, ~와(과) 같다
명사 + の

「~ようだ」는 말하는 사람이 주변 상황으로부터 얻은 정보에 의해 주관적으로 추측할 때 사용하는 표현이다. 회화체에서는 「~みたいだ」를 주로 사용한다.
추측의 의미 외에 비유나 예시의 의미로도 쓰인다. 이 때는 「まるで」와 같이 쓰는 경우가 많다.

パンの においが します。パンを 焼(や)いて いるようです。
빵 냄새가 납니다. 빵을 굽고 있는 것 같습니다.

田中(たなか)さんは 忙(いそが)しい ようです。日曜日(にちようび)も 会社(かいしゃ)に 行(い)きます。
다나카 씨는 바쁜 것 같습니다. 일요일도 회사에 갑니다.

山田(やまだ)さんは すしが 好(す)きな ようです。今日(きょう)も すしですね。
야마다 씨는 초밥을 좋아하는 것 같습니다. 오늘도 초밥이네요.

電気(でんき)が ついて いないので 留守(るす)の ようです。
전기가 켜 있지 않기 때문에 부재중인 것 같습니다.

赤(あか)ちゃんが かわいくて まるで 人形(にんぎょう)の ようです。〈비유〉
아기가 귀여워서 마치 인형 같습니다.

새단어

におい 냄새

においがする 냄새가 나다

電気(でんき)がつく 전기가 켜지다

留守(るす) 부재중

3 동사의 사전형＋のが＋형용사 ~하는 것이 ~하다, ~을(를) ~하다

동사의 사전형에「のが」를 접속하고 그 뒤에 い형용사나 な형용사가 오는 문형으로, '~하는 것이 ~하다, ~을 ~하다'라는 의미이다.「のが」다음에는「好(す)きだ」「嫌(きら)いだ」「はやい」「おそい」등과 같이 기호, 기능, 능력을 나타내는 형용사가 온다.

妹(いもうと)は ご飯(はん)を 食(た)べるのが 遅(おそ)いです。 여동생은 밥을 먹는 것이 늦습니다.

森(もり)さんは 料理(りょうり)を するのが 好(す)きです。 모리 씨는 요리하는 것을 좋아합니다.

本田(ほんだ)さんは ピアノを ひくのが 上手(じょうず)です。 혼다 씨는 피아노를 잘 칩니다.

私(わたし)は おどるのが 下手(へた)です。 나는 춤을 잘 못 춥니다.

4 동사의 ない형＋なくても いい ~하지 않아도 된다

「~なくても いい」는 동사의 ない형에 접속하여 어떤 동작을 할 필요가 없다는 뜻을 나타낸다.

薬(くすり)を 飲(の)まなくても いいです。 약을 먹지 않아도 됩니다.

身分証明書(みぶんしょうめいしょ)を 見(み)せなくても いいです。 신분증명서를 보여 주지 않아도 됩니다.

明日(あした)は はやく 起(お)きなくても いいです。 내일은 일찍 일어나지 않아도 됩니다.

冷蔵庫(れいぞうこ)に 入(い)れなくても いいです。 냉장고에 넣지 않아도 됩니다.

새단어

身分証明書(みぶんしょうめいしょ) 신분증명서

문형 연습하기

보기와 같이 바꿔 봅시다.

1

보기

時間(じかん)が ある / 小説(しょうせつ)を 読(よ)む

→ A: 時間(じかん)が あったら 何(なに)を しますか。

B: 小説(しょうせつ)を 読(よ)もうと 思(おも)います。

① 賞金(しょうきん)を もらう / 旅行(りょこう)に 行(い)く

→ ______

② うちへ 帰(かえ)る / お風呂(ふろ)に 入(はい)る

→ ______

③ 試験(しけん)が 終(お)わる / おもいきり 遊(あそ)ぶ

→ ______

새단어 賞金(しょうきん) 상금 おもいきり 마음껏

2

보기

電気(でんき)が ついて いる / 誰(だれ)か いる

→ A: 電気(でんき)が ついて いますね。

B: 誰(だれ)か いるようです。

① 傘(かさ)を さして いる / 雨(あめ)が 降(ふ)って いる

→ ______

② 消防車(しょうぼうしゃ)の 音(おと)が 聞(き)こえる / 火事(かじ)だ

→ ______

③ 変(へん)な 音(おと)が する / エンジンが 故障(こしょう)した

→ ______

새단어 誰(だれ)か 누군가 傘(かさ)をさす 우산을 쓰다 消防車(しょうぼうしゃ) 소방차 聞(き)こえる 들리다 火事(かじ) 화재 変(へん)だ 이상하다 音(おと)がする 소리가 나다 エンジン 엔진 故障(こしょう)する 고장나다

3

보기

父(ちち)は 好(す)きです / 散歩(さんぽ)します

→ 父(ちち)は 散歩(さんぽ)するのが 好(す)きです。

① 私(わたし)は 大好(だいす)きです / 絵(え)を かきます

→ ______________________________

② 弟(おとうと)は 嫌(きら)いです / 部屋(へや)を 掃除(そうじ)します

→ ______________________________

③ 母(はは)は 上手(じょうず)です / 花(はな)を 育(そだ)てます

→ ______________________________

새단어 かく (그림을) 그리다 育(そだ)てる 키우다, 기르다

4

보기

明日(あした) / 今日(きょう) / 病院(びょういん)に 行(い)く

→ 明日(あした)は 病院(びょういん)に 行(い)って ください。

→ 今日(きょう)は 病院(びょういん)に 行(い)かなくても いいです。

① ここ / あそこ / 靴(くつ)を 脱(ぬ)ぐ

→ ______________________________

② 今週(こんしゅう) / 来週(らいしゅう) / お弁当(べんとう)を 持(も)って くる

→ ______________________________

③ この 書類(しょるい) / あの 書類(しょるい) / はんこを もらう

→ ______________________________

새단어 脱(ぬ)ぐ 벗다 書類(しょるい) 서류 はんこ 도장

TRACK 19

회화 연습하기

보기와 같이 단어를 바꿔 말해 봅시다.

1

보기

A: 林(はやし)さんは a 料理(りょうり)を するのが 上手(じょうず)ですね。

B: いいえ、そんな こと ないです。

A: まるで b プロの 料理人(りょうりにん)の ようです。

B: 昔(むかし) ちょっと c 料理(りょうり)を 習(なら)っただけです。

① a 歌(うた)を 歌(うた)う　b 本当(ほんとう)の 歌手(かしゅ)　c 音楽教室(おんがくきょうしつ)に 通(かよ)う

② a 絵(え)を かく　b 本物(ほんもの)の イラストレーター　c 絵(え)の 勉強(べんきょう)を する

③ a 英語(えいご)を 話(はな)す　b アメリカ人(じん)　c アメリカに 留学(りゅうがく)する

새단어 プロ 프로　料理人(りょうりにん) 요리사　本物(ほんもの) 진짜　イラストレーター 일러스트레이터

2

보기

A: a この 荷物(にもつ)を 運(はこ)ぶんですか。

B: はい、そうです。

A: b 手伝(てつだ)わなくても いいですか。

B: ありがとうございます。
じゃ、c 暇(ひま)だったら b 手伝(てつだ)って くれませんか。

① a 家(いえ)に 帰(かえ)る　b 家(いえ)まで 送(おく)る　c 車(くるま)が ある

② a プレゼントを 買(か)いに 行(い)く　b いっしょに 行(い)く　c 都合(つごう)が 良(よ)い

③ a 明日(あした) はやく 起(お)きる　b 起(お)こす　c 朝(あさ) 6時(ろくじ)に なる

새단어 起(お)こす 일으키다, 깨우다

듣기 연습하기

TRACK 20

1 잘 듣고 빈칸을 채워 봅시다.

① A：（　　　　　　　　　　　　　　　　　　　　　　　）。
　B：雨(あめ)が 降(ふ)っても 試合(しあい)を します。

② A：パトカーと 救急車(きゅうきゅうしゃ)が 来(き)て いますね。
　B：（　　　　　　　　　　　　　　　　　　　　　　　）。

③ A：ギターを ひくのと ピアノを ひくのと どっちが 上手(じょうず)ですか。
　B：（　　　　　　　　　　　　　　　　　　　　　　　）。

④ A：明日(あした)の 朝(あさ) 7時(しちじ)に 起(お)きなければ なりませんか。
　B：（　　　　　　　　　　　　　　　　　　　　　　　）。

새단어 パトカー 순찰차　救急車(きゅうきゅうしゃ) 구급차　事故(じこ) 사고

2 잘 듣고 내용과 그림이 일치하면 ○, 틀리면 ×해 봅시다.

①

（　　　）

②

（　　　）

③

（　　　）

④

（　　　）

새단어 鍵(かぎ)がかかる 열쇠가 잠기다

독해 연습하기

다음을 읽고 문제를 풀어 봅시다.

小林さんと 金さんは 連休に なったら 李さんと 山本さんも 誘って 横浜の 中華街へ ドライブに 行く 計画を 立てました。中華街は 中華料理屋や 中国風の 建物が あって 本当の 中国の ようです。中華街には 有名な 肉まんの お店が あるので そこに 行こうと 思って います。小さい お店ですから 予約は しなくても 大丈夫です。金さんは 「一度 中華街に 行って みたかったので (　　　　　　)」と 思って います。

1 (　　　　)に 入れる 文は どれが いちばん いいですか。

① 横浜は 本当の 中国だ

② 運転して みたい

③ 肉まんの お店を 予約しなければ ならない

④ 連休に なるのが 楽しみだ

2 肉まんの お店に 行く ときには 予約を しなければ なりませんか。

① 小さい お店ですから、予約しなければ なりません。

② 小さい お店ですが、予約しても いいです。

③ 小さい お店ですから、予約しなくても いいです。

④ 小さい お店ですが、予約しなければ なりません。

새단어 **計画** 계획 **計画を立てる** 계획을 세우다 **文** 문장

문형정리 1 1과~5과

동사의 가능형

종류	만드는 법
1그룹동사	어미 う단 → え단+る
2그룹동사	어미 る → ~~る~~+られる
3그룹동사	できる, 来(こ)られる

- ～ことが　できる ～할 수 있다
- ～だけ ～만, ～뿐
- ～ので ～하므로, ～때문에
- ～やすい ～하기 쉽다
- ～にくい ～하기 어렵다, ～하기 힘들다
- ～しか　ない ～밖에 없다, ～할 수밖에 없다
- ～て　おく ～해 두다, ～해 놓다
- ～つもりだ ～할 작정(생각)이다
- ～ない　つもりだ ～하지 않을 작정(생각)이다

동사의 의지형

종류	만드는 법
1그룹동사	어미 う단 → お단+う
2그룹동사	어미 る → ~~る~~+よう
3그룹동사	しよう, 来(こ)よう

- 동사의 의지형＋と　思(おも)う
  ～하려고 생각하다, ～하려고 하다
- ～ないで ～하지 않고, ～하지 말고
- ～中(じゅう) 내내, 전체
- ～中(ちゅう) ～ 중
- あげる (내가 남에게) 주다
- くれる (남이 나에게) 주다
- もらう 받다

- もう　～ましたか 벌써(이미) ～했습니까?
- まだ　～て　いません 아직 ～하지 않았습니다
- ～ことに　する ～하기로 하다
- ～ない　ことに　する ～하지 않기로 하다
- ～と ～하면, ～하자, ～더니
- ～て　あげる (내가 남에게) ～해 주다
- ～て　くれる (남이 나에게) ～해 주다
- ～て　もらう ～해 받다

가정형 ～ば

종류	만드는 법
1그룹동사	어미 う → え단+ば
2그룹동사	어미 る → ~~る~~+れば
3그룹동사	すれば, 来(く)れば
い형용사	어미 ~~い~~+ければ
な형용사	어미 ~~だ~~+なら(ば)
명사	명사+なら(ば)

- ～が　わかる ～을(를) 알다, ～을(를) 이해하다
- ～なら ～(이)라면, ～거라면, ～다면
- ～たら ～하면, ～더니
- ～ようだ ～인 듯하다, ～인 것 같다, ～와(과) 같다
- ～のが＋형용사 ～하는 것이 ～하다, ～을(를) ～하다
- ～なくても　いい ～하지 않아도 된다

종합 연습문제 1

1과~5과

1

보기에서 알맞은 말을 골라 넣어 봅시다.

보기	しか ない	もう	だけ	まるで	まだ

① 時間が ちょっと ＿＿＿＿＿＿ ので 急ぎましょう。

② これ ＿＿＿＿＿＿ あれば 充分です。

③ A：＿＿＿＿＿＿ ご飯を 食べましたか。

B：いいえ、＿＿＿＿＿＿ 食べて いません。

④ 歌が うまいですね。＿＿＿＿＿＿ 歌手の ようです。

새 단어 | 充分だ 충분하다　うまい 능숙하다, 상황이 좋다, 맛있다

2

보기와 같이 바꿔 봅시다.

보기

テレビを 見る / 白い ボタンを 押す

→ 白い ボタンを 押せば テレビが 見られます。

① インターネットを 使う / wi-fiにつなぐ

→ ＿＿＿＿＿＿＿＿＿＿＿＿＿＿

② いすを 動かす / レバーを 引く

→ ＿＿＿＿＿＿＿＿＿＿＿＿＿＿

③ 本棚を 置く / 部屋を 整理する

→ ＿＿＿＿＿＿＿＿＿＿＿＿＿＿

④ 案内放送を 聞く / ヘッドフォンを 使う

→ ＿＿＿＿＿＿＿＿＿＿＿＿＿＿

⑤ 小(ちい)さい 文字(もじ)を 読(よ)む / めがねを かける

➡ ____

새단어 つなぐ 연결하다 動(うご)かす 움직이다 整理(せいり)する 정리하다 レバー 레버, 조작봉 引(ひ)く 당기다 案内放送(あんないほうそう) 안내방송 ヘッドフォン 헤드폰 文字(もじ) 문자 めがねをかける 안경을 쓰다

3 보기와 같이 바꿔 봅시다.

보기

晴(は)れる / 遠足(えんそく)に 行(い)く

➡ A : 晴(は)れたら どうしますか。

B1 : 晴(は)れたら 遠足(えんそく)に 行(い)こうと 思(おも)います。

B2 : 晴(は)れたら 遠足(えんそく)に 行(い)く つもりです。

① 卒業(そつぎょう)する / 海外(かいがい)へ 留学(りゅうがく)する

➡ ____

② 天気(てんき)が いい / 試合(しあい)を する

➡ ____

③ ホテルに 着(つ)く / 電話(でんわ)を かける

➡ ____

④ 会議(かいぎ)が 終(お)わる / 一杯(いっぱい) 飲(の)む

➡ ____

⑤ 留守(るす)だ / となりの 人(ひと)に 預(あず)ける

➡ ____

새단어 晴(は)れる (하늘이) 개다 卒業(そつぎょう)する 졸업하다 となり 옆 預(あず)ける 맡기다

4 보기와 같이 바꿔 봅시다.

보기	田中先生(たなかせんせい) / 私(わたし) / 英語(えいご)を 教(おし)える → 田中先生(たなかせんせい)が 私(わたし)に 英語(えいご)を 教(おし)えて くれた。 → 私(わたし)は 田中先生(たなかせんせい)に 英語(えいご)を 教(おし)えて もらった。

① 父(ちち) / 私(わたし) / スマホを 買(か)う

→ ______________________________

② 山田(やまだ)さん / 私(わたし)の 妹(いもうと) / コンサートの チケットを 送(おく)る

→ ______________________________

③ 店員(てんいん) / 私(わたし)の 家族(かぞく) / 席(せき)を 案内(あんない)する

→ ______________________________

④ 木村(きむら)さん / 母(はは) / 写真(しゃしん)を 撮(と)る

→ ______________________________

⑤ 彼(かれ) / 私(わたし) / 席(せき)を ゆずる

→ ______________________________

새단어 店員(てんいん) 점원 ゆずる 양보하다

5 보기와 같이 바꿔 봅시다.

보기	橋を <u>渡ると</u> 銀行が あります。(渡ります)

① 雨の 日は ____________ ことに しました。(行きません)

② おこづかいを ____________ たら うれしく なります。(もらいます)

③ 山に ____________ のが 好きです。(行きます)

④ 約束を ____________ た ようです。(忘れました)

⑤ 薬を ____________ なくても いいです。(飲みます)

⑥ 週末 ____________ なら 遊びに 行きませんか。(暇です)

⑦ めがねが なくても 小さい 字を ____________ ことが できます。(読みます)

⑧ この 靴は 小さくて ____________ にくいです。(はきます)

⑨ 何も ____________ ないで 帰って 行きました。(言います)

⑩ あらかじめ 電話で ____________ て おきました。(予約します)

새단어 約束 약속

6 다음을 읽고 일본어로 써 봅시다.

① 창문을 열어 두어도 되지만, 위험하니까 닫기로 했습니다.

➡ ____________________

② 친구한테 받은 책을 아직 읽지 않았습니다.

➡ ____________________

③ 밤에 자지 않고 만들었습니다만, 완성할 수 없었습니다.

➡ ____________________

④ 이것은 내가 사용하던 사전인데, 졸업하면 후배에게 줄 생각입니다.

➡ ____________________

⑤ 주소는 모르지만 전화번호는 알기 때문에 걱정하지 않아도 됩니다.

➡ ____________________

새단어 完成(かんせい)する 완성하다 後輩(こうはい) 후배

6과

雨(あめ)が ふりそうですね

전문·양태에 관한 표현을 배워 봅시다.

미리 보기

❶ 時間(じかん)が 長(なが)く かかりそうです。
❷ 田中(たなか)さんは いつ 結婚(けっこん)するそうですか。
❸ ニュースに よると 犯人(はんにん)は 捕(つか)まったそうです。
❹ 彼(かれ)は 今年(ことし)の 秋(あき)に 結婚(けっこん)すると 言(い)いました。
❺ がんばりましたが、合格(ごうかく)するか どうか 心配(しんぱい)です。

문형 꽉! 잡기

TRACK 21

1

A: 道が 混んで いますね。

B: そうですね。時間が 長く かかりそうです。

2

A: 田中さんは いつ 結婚すると 言いましたか。

B: 彼は 今年の 秋に 結婚するそうです。

3

A: 犯人は どう なりましたか。

B: ニュースに よると 犯人は 捕まったそうです。

4

A: 試験は どうでしたか。

B: がんばりましたが、合格するか どうか 心配です。

새 단어

長い 길다　時間がかかる 시간이 걸리다　～そうだ ～일 것 같다〈양태〉　～と言う ～라고 하다　～そうだ ～라고 한다〈전문〉

犯人 범인　～によると ～에 의하면　捕まる 잡히다　がんばる 노력하다, 분발하다　合格する 합격하다

～かどうか ～일지 어떨지

회화로 또! 확인하기

TRACK 22

김우진과 야마모토가 날씨와 출장에 대해 이야기하고 있습니다.

金(キム) 雨(あめ)が 降(ふ)りそうですね。急(きゅう)に 空(そら)が 曇(くも)って きました。

山本(やまもと) 天気予報(てんきよほう)に よると 午後(ごご)から 雨(あめ)が 降(ふ)るそうです。
天気予報(てんきよほう)では 今日(きょう)から 一週間(いっしゅうかん) ずっと 激(はげ)しい 雨(あめ)が 降(ふ)ると 言(い)って いました。

金(キム) 本当(ほんとう)ですか。

山本(やまもと) ええ、今(いま)、台風(たいふう)が 近(ちか)づいて いますからね。

金(キム) 困(こま)ったな。明日(あした)から 出張(しゅっちょう)で 福岡(ふくおか)に 行(い)かなければ ならないんですが……。

山本(やまもと) 飛行機(ひこうき)が 飛(と)ぶか どうか 心配(しんぱい)ですね。
福岡(ふくおか)では どんな 仕事(しごと)が あるんですか。

金(キム) 取引先(とりひきさき)で うちの 商品(しょうひん)の 企画発表(きかくはっぴょう)を する 仕事(しごと)が あります。
大事(だいじ)な 仕事(しごと)なんです。

山本(やまもと) そうですか。飛行機(ひこうき)が 飛(と)んで 仕事(しごと)も うまく いくと いいですね。

새 단어

急(きゅう)に 갑자기　空(そら) 하늘　曇(くも)る 흐리다　天気予報(てんきよほう) 일기예보　一週間(いっしゅうかん) 일주일 동안　激(はげ)しい 심하다　台風(たいふう) 태풍
近(ちか)づく 다가오다, 접근하다　困(こま)る 곤란하다　福岡(ふくおか) 후쿠오카〈지명〉　飛(と)ぶ 날다　うち 우리　商品(しょうひん) 상품　企画発表(きかくはっぴょう) 기획 발표
大事(だいじ)だ 중요하다　うまくいく 잘 되다

문형 쏙! 정리하기

1 동사의 ます형 / い형용사 어간 + そうだ / な형용사 어간 ~일 것 같다 <양태>

말하는 사람이 보거나 들은 것을 토대로 추측할 때 사용하는 표현이다. 「よい, ない」의 경우, 각각 「よさそうだ, なさそうだ」가 되므로 주의한다.

もう すぐ レンギョウが 咲(さ)きそうです。 이제 곧 개나리가 필 것 같습니다.

この ドラマは おもしろそうです。 이 드라마는 재미있을 것 같습니다.

海外旅行(かいがいりょこう)は オーストラリアが よさそうです。
해외여행은 오스트레일리아가 좋은 것 같습니다.

田中(たなか)さんの お子(こ)さんは 元気(げんき)そうです。
다나카 씨의 아이는 건강한 것 같습니다.

새단어

すぐ 곧, 바로
レンギョウ 개나리
オーストラリア 오스트레일리아
お子(こ)さん (남의) 아이, 자제분

2 ～に よると ~에 의하면

「～に よると」는 명사에 접속해 정보의 출처를 밝히는 표현으로 「そうだ〈전문〉」와 같이 쓰이는 경우가 많다.

新聞(しんぶん)に よると 就職率(しゅうしょくりつ)が 上(あ)がったそうです。
신문에 의하면 취직률이 올랐다고 합니다.

チラシに よると デパートが 明日(あした)から セールです。
광고지에 의하면 백화점이 내일부터 세일입니다.

うわさに よると その お店(みせ)は おいしく ないそうです。
소문에 의하면 그 가게는 맛이 없다고 합니다.

手紙(てがみ)に よると 友(とも)だちは 引(ひ)っ越(こ)すそうです。
편지에 의하면 친구는 이사한다고 합니다.

새단어

就職率(しゅうしょくりつ) 취업률
チラシ 광고지
うわさ 소문

3 보통체형＋そうだ ~라고 한다 <전문>

실제로 보고 듣고 느낀 것을 그대로 듣는 사람에게 전하는 표현이며, 추측이나 추리 등의 논리적인 사고가 들어 있지 않다. 양태의 「そうだ」와 접속 형태가 다르므로 주의한다.

来月(らいげつ)から 梅雨(つゆ)が 始(はじ)まるそうです。 다음 달부터 장마가 시작된다고 합니다.

タイの 食(た)べ物(もの)は からいそうです。 태국 음식은 맵다고 합니다.

最近(さいきん)の タブレットは 便利(べんり)だそうです。
요즘의 태블릿은 편리하다고 합니다.

日本(にほん)は 春分(しゅんぶん)の日(ひ)が 休(やす)みだそうです。
일본은 춘분이 휴일이라고 합니다.

새단어
梅雨(つゆ) 장마
タイ 태국
春分(しゅんぶん)の日(ひ) 춘분

4 보통체형＋と 言(い)う ~라고 하다

말을 직접 인용할 때는 「と」 앞에 그 말을 직접 넣어 표현하기도 하고, 간접적으로 인용할 때는 문장을 보통체로 바꿔서 표현한다. 제 3자의 말을 전달할 때는 「～と 言(い)って いました」라고 말하기도 한다.

彼女(かのじょ)は 「日本語(にほんご)の 勉強(べんきょう)が おもしろいです」と 言(い)いました。
그녀는 "일본어 공부가 재미있습니다"라고 했습니다.

彼(かれ)は 交通事故(こうつうじこ)に あったと 言(い)いました。
그는 교통사고가 났다고 했습니다.

弟(おとうと)は 野菜(やさい)が 嫌(きら)いだと 言(い)いました。
남동생은 채소가 싫다고 했습니다.

妹(いもうと)は 今週(こんしゅう)の 土曜日(どようび)から 会社(かいしゃ)が 休(やす)みだと 言(い)って いました。
여동생은 이번 주 토요일부터 회사가 쉰다고 했습니다.

새단어
交通事故(こうつうじこ) 교통사고
事故(じこ)にあう
사고가 나다

5 동사·い형용사 보통체형 / な형용사 어간 / 명사 + か どうか ~일지 어떨지

「~か どうか」는 의문문을 문장 속에 포함시켜 '~일지 어떨지'를 물어보는 표현이다.

会議(かいぎ)に 出(で)るか どうか 確認(かくにん)して ください。
회의에 나올지 어떨지 확인해 주세요.

都合(つごう)が いいか どうか 聞(き)いて みましょう。
상황이 좋은지 어떤지 물어봅시다.

食事(しょくじ)を したか どうか 確(たし)かめて ください。
식사를 했는지 안 했는지 확인해 주세요.

その 話(はなし)は 本当(ほんとう)か どうか わかりません。
그 이야기는 정말인지 아닌지 알 수 없습니다.

새단어
確認(かくにん)する 확인하다
確(たし)かめる 확인하다

문형 연습하기

보기와 같이 바꿔 봅시다.

1

보기 ニュース / バスの 事故が ありました
→ ニュースに よると バスの 事故が あったそうです。

① 天気予報 / 明日は 晴れ ときどき 曇りです

➡ ______________________________

② 新聞 / 最近 ソウルの 人口が 減って います

➡ ______________________________

③ うわさ / 新しい レストランは とても おいしいです

➡ ______________________________

새단어 晴れ 맑음　曇り 흐림

2

보기 あたたかいです / もう すぐ 桜が 咲きます
→ あたたかいので もう すぐ 桜が 咲きそうです。

① トウガラシが たくさん 入って います / からいです

➡ ______________________________

② 暑く なりました / アイスクリームが よく 売れます

➡ ______________________________

③ この アパートは 駅から 遠いです / 不便です

➡ ______________________________

새단어 トウガラシ 고추　売れる 팔리다　アパート 아파트

3

보기

係(かか)りの 人(ひと) / 明日(あした) 電話(でんわ)します

➡ A: 係(かか)りの 人(ひと)は 何(なん)と 言(い)いましたか。

B: 明日(あした) 電話(でんわ)すると 言(い)いました。

① 店(みせ)の 人(ひと) / 今日(きょう)は 終(お)わりました

➡ ____________________

② お医者(いしゃ)さん / お酒(さけ)は だめです

➡ ____________________

③ 友(とも)だち / 北海道(ほっかいどう)は 夏(なつ)でも すずしいです

➡ ____________________

새단어 係(かか)りの人(ひと) 관계자 お医者(いしゃ)さん 의사 선생님

4

보기

火(ひ)を 消(け)しましたか / 確認(かくにん)します

➡ 火(ひ)を 消(け)したか どうか 確認(かくにん)して ください。

① 運動会(うんどうかい)の 日(ひ)は 雨(あめ)ですか / 天気予報(てんきよほう)を 見(み)ます

➡ ____________________

② この 答(こた)えが ただしいですか / 調(しら)べます

➡ ____________________

③ サイズが 合(あ)いますか / 試(ため)します

➡ ____________________

새단어 火(ひ) 불 確認(かくにん)する 확인하다 答(こた)え 답, 대답 サイズ 사이즈 合(あ)う 맞다 試(ため)す 시험하다

TRACK 23

회화 연습하기

보기와 같이 단어를 바꿔 말해 봅시다.

1

보기

A：これは 何(なん)ですか。

B：a 私(わたし)が 作(つく)った ケーキです。

A：b おいしそうですね。

B：b おいしいか どうか わかりませんが、c 食(た)べて ください。

① a 新(あたら)しい マンガ　b おもしろい　c 読(よ)んで みる

② a 新作(しんさく)の ホラー映画(えいが)　b 怖(こわ)い　c 見(み)る

③ a 最新(さいしん)の タブレット　b 便利(べんり)だ　c 使(つか)って みる

새단어 新作(しんさく) 신작　ホラー映画(えいが) 공포 영화　最新(さいしん) 최신

2

보기

A：a 田中(たなか)さんが いませんね。

B：b 連絡(れんらく)に よると c 遅刻(ちこく)するそうです。

A：本当(ほんとう)ですか。

B：はい、d ちょっと 用事(ようじ)が あると 言(い)って いました。

① a この お店(みせ)、おいしい　b 友(とも)だちの 話(はなし)

c シェフが 有名(ゆうめい)な 人(ひと)だ　d テレビにも 出(で)る

② a 人(ひと)が たくさん いる　b 朝(あさ)の ニュース

c 花火大会(はなびたいかい)が ある　d 夜(よる)の 7時(しちじ)から する

③ a きれいな 絵(え)だ　b 係(かか)りの 人(ひと)の 説明(せつめい)

c 有名(ゆうめい)な 画家(がか)が かいた　d これが 最後(さいご)の 作品(さくひん)だ

새단어 遅刻(ちこく)する 지각하다　用事(ようじ) 볼일, 용무　シェフ 주방장　花火大会(はなびたいかい) 불꽃놀이 축제　画家(がか) 화가
最後(さいご) 최후, 마지막　作品(さくひん) 작품

듣기 연습하기

1 잘 듣고 빈칸을 채운 후, 양태 표현인지 전문 표현인지 써 봅시다.

① A: 空(そら)が 明(あか)るく なりましたね。

B: そうですね。雨(あめ)が（　　　　　　　　）ですね。［　　　］

② A: 海(うみ)で たくさん 人(ひと)が 泳(およ)いで いますね。

B: そうですね。（　　　　　　　　）ですね。［　　　］

③ A: 東京(とうきょう)ディズニーランドに 行(い)って みましたか。

B: いいえ、まだです。とても（　　　　　　　　）ですね。［　　　］

④ A: デパートの セールは いつからですか。

B: うわさに よると 来週(らいしゅう)の 土曜日(どようび)から（　　　　　　　　）です。

［　　　］

새단어 明(あか)るい 밝다

2 잘 듣고 그림에 맞는 대화를 골라 봅시다.

①

ⓐ　ⓑ　ⓒ

②

ⓐ　ⓑ　ⓒ

③

ⓐ　ⓑ　ⓒ

④

ⓐ　ⓑ　ⓒ

독해 연습하기

다음을 읽고 문제를 풀어 봅시다.

空が 急に 曇って きました。雨が 降りそうです。天気予報に よると 今、台風が 近づいて いるので 今日から 一週間 激しい 雨が 降ると 言って いました。金さんは 明日から 仕事で 福岡へ 出張に 行かなければ なりません。しかし、台風が 来て いるので 飛行機が 飛ぶか どうか 心配です。山本さんは 金さんの 仕事が うまく いくと いいと 思って います。

1 天気予報は 何と 言って いましたか。

① 空が 曇って きたので 激しい 雨が 降るそうです。

② 空が 曇って きたので 激しい 雨が 降りそうです。

③ 台風が 近づいて いるので 激しい 雨が 降るそうです。

④ 台風が 近づいて いるので 激しい 雨が 降りそうです。

2 金さんは 何を 心配に 思って いますか。

① 飛行機が 飛ぶか どうかを 心配に 思って います。

② 山本さんが 来るか どうかを 心配に 思って います。

③ 天気予報が 当たるか どうかを 心配に 思って います。

④ 台風が 来る どうかを 心配に 思って います。

일본어의 사투리와 단축어

사투리(方言)

한국과 마찬가지로 일본에도 지역에 따라 여러 가지 사투리가 있습니다. 예를 들어 「ありがとう」는 오사카(**大阪**)나 교토(**京都**)에서는 「**おおきに**」, 나고야(**名古屋**)에서는 「**ありがと**」, 홋카이도(**北海道**)에서는 「**なんも、なんも**」라고 말하기도 합니다. 이러한 사투리는 지역 이름을 따서 간사이벤(**関西弁**)이나 도호쿠벤(**東北弁**), 또는 행정 구역인 도도부현(**都道府県**)의 이름을 따서 후쿠오카벤(**福岡弁**), 교토벤(**京都弁**), 야마가타벤(**山形弁**)이라고 말하기도 합니다.

사투리	표준어	지역
あかん	だめだ 안 된다	大阪
きばれ	がんばれ 힘내	鹿児島
でら、えらい	とても 매우	名古屋
おいでやす	いらっしゃい 어서 오십시오	京都

단축어

긴 단어를 줄인 것을 '단축어'라고 합니다. 일상에서 많이 사용되는 긴 단어가 단축어가 되기 쉽습니다. 단축어에는 일반적인 것도 있지만 특정한 세대나 지역, 분야에서만 사용되는 것도 있어, 지나치게 많이 쓰면 위화감을 갖게 되므로 주의하는 것이 좋습니다.

기본 단어	단축어
アルバイト 아르바이트	バイト
スマートホン 스마트폰	スマホ
携帯電話 휴대전화	携帯
就職活動 취직 활동	就活
ポケットモンスター 포켓몬스터	ポケモン
マクドナルド 맥도날드	マック/マクド
スターバックス 스타벅스	スタバ

7과

親切に 教えて くれるらしいですよ

추측표현을 배워 봅시다.

미리 보기

❶ ちょっと お願いしたい ことが あるんですけど。
❷ 忙しいみたいですね。何か 手伝いましょうか。
❸ もう すぐ 来るでしょう。
❹ 最近 つきあって いるらしいですよ。
❺ これを 捨てて ほしいです。

문형 꽉! 잡기

TRACK 25

1

A: ちょっと お願(ねが)いしたい ことが あるんですけど。

B: いいですよ。何(なん)ですか。

2

A: 林(はやし)さん 来(き)ませんね。

B: もう すぐ 来(く)るでしょう。

3

A: 本田(ほんだ)さんと 田中(たなか)さん、仲(なか)が いいですね。

B: 最近(さいきん) つきあって いるらしいですよ。

4

A: 忙(いそが)しいみたいですね。何(なに)か 手伝(てつだ)いましょうか。

B: はい、すみませんが、これを 捨(す)てて ほしいです。

새단어

～けど ~는데, ~이지만, ~하지만　～でしょう ~이겠지요　仲(なか)がいい 사이가 좋다　つきあう 사귀다
～らしい ~인 듯하다, ~인 것 같다　～みたい ~인 것 같다　何(なに)か 무언가　～てほしい ~해 주기를 바란다

회화로 또! 확인하기

TRACK 26

고바야시와 이유리가 시험에 대해 이야기하고 있습니다.

小林	李さん、どうしたんですか。顔が 真っ白ですけど……。
李	実は あさって 森田先生の 試験が あるんです。 森田先生の 試験は とても 難しいそうですね。
小林	はい、難しくて パスできない 学生も たくさん いるみたいです。 でも、李さんなら きっと 大丈夫でしょう。毎日 勉強して いるから。
李	そんな こと ありません。とても 不安です。
小林	森田先生は やさしい 先生だから わからない ところを 質問しに 行ったら 親切に 教えて くれるらしいですよ。
李	本当ですか。わからない ところが たくさん あるんです。
小林	私が 勉強 手伝いますよ。何か 教えて ほしい ところは ありますか。
李	ありがとうございます。じゃ、まず この 表現の 使い方を 教えて ください。

새 단어

真っ白だ 새하얗다　実は 사실은　パスする 합격하다　不安だ 불안하다　表現 표현

문형 쏙! 정리하기

1 ~けど(=けれども) ~이지만, ~하지만, ~는데

「けど」는「けれども」의 줄임말로「けれど」라고 쓰기도 한다.
접속조사로 쓰일 때는 예상되는 결과와 반대의 사실을 나타내는 역접의 의미로 쓰인다. 종조사로 쓰일 때는 실현되기 어려운 일을 바라는 마음을 나타내거나, 분명하게 말하지 않고 끝을 흐릴 때 쓴다.

肉は 好きですけど 野菜は 嫌いです。 고기는 좋아하지만, 채소는 싫어합니다.
走って 行ったけど 間に合わなかった。 달려갔지만 늦었다.
話が あるんだけど……。今、大丈夫？ 할 말이 있는데……. 지금 괜찮아?
はやく 仕事が 終われば いいんだけど……。 빨리 일이 끝나면 좋겠는데…….

2 동사·い형용사 보통체형 / な형용사 어간 / 명사 + みたいだ ~인 것 같다 / ~같다

「ようだ(5과 참조)」와 같이 추측하거나 비유할 때 쓰이며 회화체에 많이 쓰인다.

財布を なくしたみたいです。 지갑을 잃어버린 것 같습니다.
家に 誰も いないみたいです。 집에 아무도 없는 것 같습니다.
日本は クリスマスが 休みじゃ ないみたい。 일본은 크리스마스가 휴일이 아닌 것 같다.
田中さんは 木村さんが 好きみたいです。 다나카 씨는 기무라 씨를 좋아하는 것 같습니다.
あの 人は まるで 子どもみたいです。 저 사람은 마치 아이 같습니다.

3 동사·い형용사 보통체형 / な형용사 어간 / 명사 + でしょう ~겠지요

확실히 단정할 수 없지만 경험, 지식 등에 의해 확신에 가까운 기분으로 추측하는 표현이다. 끝을 올려서 말하면 상대방에게 확인을 요구하는 의미가 된다.「でしょう」의 보통체형은「だろう」이다.

駅(えき)に 行(い)く 道(みち)は わかるでしょう。 역에 가는 길은 알겠지요?

有名(ゆうめい)な レストランだから きっと おいしいでしょう。
유명한 레스토랑이니까 틀림없이 맛있겠죠.

おそらく 面接(めんせつ)は 大変(たいへん)だったでしょう。 아마도 면접은 힘들었겠지요.

たぶん 明日(あした)は 晴(は)れだろう。 아마 내일은 맑겠지.

새단어

おそらく 아마, 필시

4 동사·い형용사 보통체형 / な형용사 어간 / 명사 + らしい ~인 듯 하다, ~인 것 같다

「ようだ」와「みたいだ」가 자신이 보고 느낀 것을 근거로 추측할 때 쓰는 용법인 반면,「らしい」는 소문, 간접적인 정보로 추측할 때 쓴다. 따라서 자신의 의견을 주장하는 경우나 책임을 가지고 말해야 하는 경우에 쓰면 부자연스럽다.

来週(らいしゅう)から ガソリンの 値段(ねだん)が 上(あ)がるらしいです。
다음 주부터 기름값이 오를 것 같습니다.

昨日(きのう)の コンサートは 良(よ)かったらしいよ。 어제 콘서트는 좋았다는 것 같아.

彼(かれ)は どうも 魚(さかな)が 好(す)きらしいです。 그는 아무래도 생선을 좋아하는 것 같습니다.

天気予報(てんきよほう)に よると 明日(あした)は 雨(あめ)らしいよ。 일기예보에 따르면 내일은 비라는 것 같아.

새단어

どうも 아무래도

5 의문사(何 / いつ / どこ / 誰 등)+か ~인가, ~인지

의문사(何 / いつ / どこ / 誰 등)에 조사「か」를 접속해서 정해지지 않은 대상을 말할 때 쓴다.

何か 飲みませんか。 뭔가 마시지 않겠습니까?

いつか ヨーロッパに 行って みたいです。 언젠가 유럽에 가 보고 싶습니다.

郵便局は どこか 知りませんか。 우체국이 어딘지 모릅니까?

誰か 来たみたいです。 누군가 온 것 같습니다.

새단어

いつか 언젠가

ヨーロッパ 유럽

どこか 어딘가, 어딘지

知る 알다

6 동사의 て형+て ほしい ~해 주기를 바란다

'~을(를) 갖고 싶다'라는「ほしい」가 동사의 て형에 접속되어, 듣는 사람 또는 제3자가 어떤 행위를 하는 것을 바라는 표현이다. 행위 주체를 표현할 때는「に」를 붙여 사용한다.

漢字が 読めないので 読んで ほしいです。
한자를 읽을 수 없기 때문에 읽어 주면 좋겠습니다.

さびしいから いっしょに いて ほしいです。
외로우니까 같이 있어 주면 좋겠습니다.

彼に タバコを やめて ほしいです。
그가 담배를 끊었으면 좋겠습니다.

何か 私に 手伝って ほしい ことは ありますか。
뭔가 내가 도와드릴 일이 있습니까?

새단어

さびしい
쓸쓸하다, 외롭다

タバコをやめる
담배를 끊다

문형 연습하기

보기와 같이 바꿔 봅시다.

1

보기
新聞で 読みました / 明日から 仙台で 祭りが あります
→ 新聞で 読んだけど 明日から 仙台で 祭りが あるみたいです。

① ニュースで 聞きました / 今度の 風邪は ひどいです
➡ ______________________________

② テレビで 見ました / 飛行機事故が 起きました
➡ ______________________________

③ 地図で 調べました / 家から とても 近いです
➡ ______________________________

새단어 仙台 센다이〈지명〉 祭り 축제 ひどい 심하다 飛行機事故 비행기 사고 地図 지도

2

보기
鈴木さんは 病気に なりました / たぶん 来ません
→ 鈴木さんは 病気に なったから たぶん 来ないでしょう。

① 道が 渋滞して います / たぶん 時間が かかります
➡ ______________________________

② 薬を 飲みました / たぶん すぐ 治ります
➡ ______________________________

③ 山田さんは 来週 試験です / たぶん 大変です
➡ ______________________________

새단어 渋滞する 정체되다, 밀리다 治る 낫다

3

보기

人(ひと)が いない / この レストランは おいしく ないです

→ 人(ひと)が いません。

どうも この レストランは おいしく ないらしいです。

① 約束(やくそく)の 時間(じかん)が 過(す)ぎた / 林(はやし)さんは 来(き)ません

→ ______________________________

② ご飯(はん)が 残(のこ)って いない / 吉田(よしだ)さんが ご飯(はん)を 食(た)べました

→ ______________________________

③ 音(おと)が しない / 人(ひと)が いません

→ ______________________________

새단어 過(す)ぎる 지나다 残(のこ)る 남다

4

보기

引(ひ)っ越(こ)しを 手伝(てつだ)う

→ A: 引(ひ)っ越(こ)しを 手伝(てつだ)いましょうか。

B: はい、引(ひ)っ越(こ)しを 手伝(てつだ)って ほしいです。

① 電話番号(でんわばんごう)を 教(おし)える

→ ______________________________

② タバコを やめる

→ ______________________________

③ ゆっくり 話(はな)す

→ ______________________________

TRACK 27

회화 연습하기

보기와 같이 단어를 바꿔 말해 봅시다.

1

보기

A: a 渡辺さん、元気が ないけど b どうか したんですか。

B: c 彼女と 別れたらしいですよ。

A: d はやく 元気に なって ほしいですね。

① a 吉本さん、顔色が 悪い　　b どこか 悪い

　 c 風邪を ひく　　d はやく 治る

② a 話し声が 聞こえる　　b 誰か いる

　 c 昔の 友だちが 来る　　d すこし 静かに する

③ a 田中さん、泣いて いる　　b どうか した

　 c かばんを なくす　　d はやく 見つかる

새단어 話し声 말소리　見つかる 발견되다

2

보기

A: a 吉田さん、熱心に 勉強して いますね。

B: b 難しい 大学を 受験するみたいですよ。

A: c 彼女なら d きっと 合格するでしょう。

① a かっこいい 車だ　b 価格も 安い　c この 車　d すぐ 売れる

② a 背が 高い 人だ　b 職業は モデルだ　c 彼　d 女性に もてる

③ a 人が いっぱい いる　　b 新しい お店が オープンした

　 c ここ　　d お客さんが たくさん 来る

새단어 受験する 수험하다　職業 직업　モデル 모델　もてる 인기 있다

TRACK 28

듣기 연습하기

1 잘 듣고 빈칸을 채워 봅시다.

① A: 日曜日(にちようび)は 暇(ひま)ですか。

B: 日曜日(にちようび)は (　　　　　　　　　　) 土曜日(どようび)は 暇(ひま)です。

② A: 田中(たなか)さんは 会社(かいしゃ)の 住所(じゅうしょ)を 知(し)って いますか。

B: いいえ、(　　　　　　　　　　)。

③ A: 木村(きむら)さんは いつ 帰(かえ)りましたか。

B: さっき (　　　　　　　　　　)。

④ A: 何(なに)か 食(た)べる 物(もの)を 作(つく)りましょうか。

B: ええ、何(なん)でも いいですから (　　　　　　　　　　)。

새단어 さっき 방금 전　何(なん)でも 무엇이든

2 잘 듣고 그림과 맞는 대답을 골라 봅시다.

①

ⓐ　ⓑ　ⓒ

②

ⓐ　ⓑ　ⓒ

③

ⓐ　ⓑ　ⓒ

④

ⓐ　ⓑ　ⓒ

새단어 閉(し)まる 닫히다　暗(くら)い 어둡다

독해 연습하기

다음을 읽고 문제를 풀어 봅시다.

－小林さんの 日記－

李さんは あさって 森田先生の 試験が あるそうだ。森田先生の 試験は 難しくて パスできない 学生も たくさん (ⓐ)。李さんも 一生懸命 勉強して いた。顔が 真っ白だったけど 大丈夫かな。でも、李さんは いつも がんばって いるから きっと パスできるだろう。もし、李さんが (ⓑ) と 言ったら 何か 手伝って あげよう。

1 (ⓐ)に 入る ものは どれが いちばん いいですか。

① いますみたいだ

② いるみたいだ

③ いませんみたいだ

④ いないみたいだ

2 (ⓑ)に 入る ものは どれが いちばん いいですか。

① 試験は 難しいみたいだ

② 勉強するだろう

③ あさって 試験が あるそうだ

④ 手伝って ほしい

함께 읽어보는 일본의 문화

합격 기원

신사(神社)는 일본 고유의 신앙인 신도(神道)의 신을 모시는 곳으로 일본 전국에 8만 개 이상이 있습니다. 새해나 시험 때가 되면 많은 일본인이 신사를 찾아 소원을 비는데, 신사에는 소원을 기원하는 물건을 팔고 있습니다.

에마(絵馬)

말 같은 그림이 그려진 나무판으로, 그림이 있는 면의 여백이나 뒷면에 소원을 적습니다. 소원을 적은 에마는 신사 등의 정해진 장소에 매어 놓습니다. 에마에는 시험 합격은 물론, 건강, 연애 성취 등 여러 가지 소원을 적습니다.

오마모리(お守り)

부정을 피하고 소원을 이루기 위한 부적과 같은 것으로, 작은 주머니 모양을 하고 있습니다. 이것을 몸에 지니기도 하고 가방에 넣어 두거나 매어 두기도 합니다.

행운을 가져오는 음식

이름에 「**カツ＝勝つ**(이기다)」라는 뜻이 들어있는 「돈가스(**とんかつ**)」는 수험이나 스포츠 시합 전에 승리를 바라며 먹는 음식으로 정평이 나 있는데, 최근에는 과자 중에도 이러한 것이 있습니다. 예를 들면 「**キットカット**」는 「**きっと　勝つ**(반드시 이긴다)」와 발음이 비슷해서 시험을 볼 때 행운을 가져오는 과자로 유명합니다. 수험 시즌이 되면 슈퍼마켓이나 편의점에는 전용 코너도 볼 수 있습니다.

8과

ハングルは いつ 作(つく)られたんですか

동사의 수동형에 대해 배워 봅시다.

미리 보기

❶ 休日(きゅうじつ)なのに 会社(かいしゃ)に 行(い)くんですか。
❷ 電車(でんしゃ)の 中(なか)で 足(あし)を 踏(ふ)まれたんです。
❸ 有名(ゆうめい)な 建築家(けんちくか)に よって 造(つく)られました。
❹ 日本人(にほんじん)と 話(はな)せるように なりました。

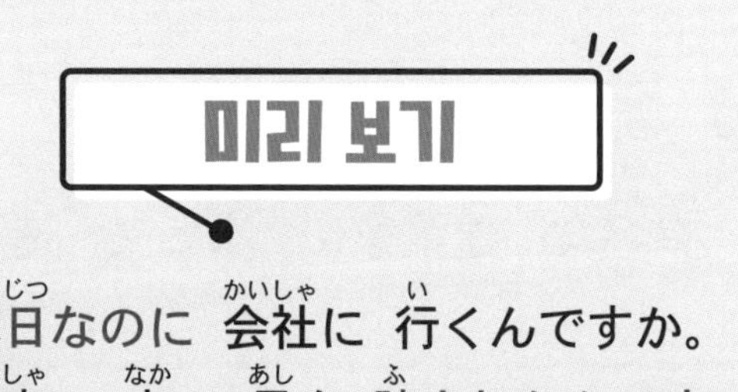

문형 꽉! 잡기

TRACK 29

1

A: 休日(きゅうじつ)なのに　会社(かいしゃ)に　行(い)くんですか。

B: 仕事(しごと)が　たまって　いるので　行(い)かなければ　なりません。

2

A: 靴(くつ)が　汚(よご)れて　いますよ。

B: ええ、電車(でんしゃ)の　中(なか)で　足(あし)を　踏(ふ)まれたんです。

3

A: これは　新(あたら)しい　美術館(びじゅつかん)ですね。

B: ええ、有名(ゆうめい)な　建築家(けんちくか)に　よって　造(つく)られました。

4

A: 日本語(にほんご)が　上手(じょうず)に　なりましたね。

B: はい、日本人(にほんじん)と　話(はな)せるように　なりました。

새 단어

～のに ～인데　**たまる** 쌓이다　**汚(よご)れる** 더러워지다　**踏(ふ)む** 밟다　**～(ら)れる** ～당하다　**美術館(びじゅつかん)** 미술관　**建築家(けんちくか)** 건축가
～によって ～에 의하여　**造(つく)る** (건물을) 짓다　**～ようになる** ～하게 되다

회화로 또! 확인하기

TRACK 30

고바야시와 이유리가 한국어 시험에 대해 이야기하고 있습니다.

小林	李さん、森田先生の 試験は どうでしたか。
李	はい、小林さんの おかげで パスしました。難しい 問題も あったのに よく できたと ほめられました。
小林	それは すごいですね。私も 勉強 がんばらなくちゃ。
李	小林さんは 試験が ありますか。
小林	来週 韓国語の 検定試験が あります。
李	そうですか。今度は 私が 手伝いますよ。 何か わからない ところが あれば 聞いて ください。
小林	ありがとうございます。 じゃ、ハングルは いつ 作られたんですか。
李	ハングルは １４４３年に 世宗大王に よって 作られました。 ハングルが 作られて ふつうの 人も 文字が 読めるように なったんです。

새 단어

おかげで 덕분에　ほめる 칭찬하다　がんばらなくちゃ 힘내지 않으면〈がんばらなくては의 줄임말〉　検定試験 검정시험
世宗大王 세종대왕　ふつう 보통

문형 쏙! 정리하기

1 동사의 수동형

수동형은 어떤 행위가 사람에게 영향을 끼쳤을 때 그 행위를 당하는 사람의 입장에서 문장을 서술하는 형태이다. 일본어는 자기 자신 또는 자신과 가까운 사람을 중심으로 이야기하는 특징이 있어 수동형을 많이 사용한다.

종류	활용 방법	예
1그룹동사	어미 う단 → あ단+れる	書く 쓰다 → 書かれる つなぐ 연결하다 → つながれる 言う 말하다 → 言われる 待つ 기다리다 → 待たれる 取る 집다 → 取られる 死ぬ 죽다 → 死なれる 遊ぶ 놀다 → 遊ばれる 飲む 마시다 → 飲まれる 話す 말하다 → 話される
2그룹동사	어미 る → ~~る~~+られる	見る 보다 → 見られる 起きる 일어나다 → 起きられる 食べる 먹다 → 食べられる 寝る 자다 → 寝られる 着る 입다 → 着られる
3그룹동사	활용이 불규칙함	する 하다 → される 来る 오다 → 来られる

(1) 직접 수동

능동문의 목적어가 수동문의 주어가 되는 형태로, 수동문의 주어가 동사가 나타내는 행위나 영향을 직접 받는다. 목적어는 「を」로 표시되는 것(직접 목적어), 또는 「に」로 표시되는 것(간접 목적어)이 있는데 수동문의 주어가 될 때는 아래의 표와 같이 바뀐다.

① 先生は(が)　私を　ほめる 칭찬하다

↓

私は(が)　先生に　ほめられる 칭찬받다

私(わたし)は 宿題(しゅくだい)を 忘(わす)れたので、先生(せんせい)に しかられました。

나는 숙제를 잊어 버려서 선생님께 혼났습니다.

私(わたし)は 木村(きむら)さんに パーティーに 誘(さそ)われました。

나는 기무라 씨에게 파티에 초대받았습니다.

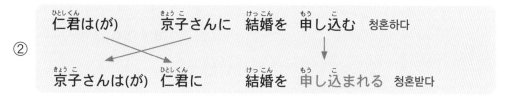

②

仁君(ひとしくん)は(が) 京子(きょうこ)さんに 結婚(けっこん)を 申(もう)し込(こ)む 청혼하다

↓

京子(きょうこ)さんは(が) 仁君(ひとしくん)に 結婚(けっこん)を 申(もう)し込(こ)まれる 청혼받다

私(わたし)は 課長(かちょう)に 休(やす)んだ 理由(りゆう)を 聞(き)かれました。

나는 과장에게 (회사를) 쉰 이유를 물어봄을 당했습니다. (→ 과장은 나에게 쉰 이유를 물어보았습니다.)

田中(たなか)さんは 誕生日(たんじょうび)に 花(はな)を プレゼントされて、うれしかった。

다나카 씨는 생일에 꽃을 선물 받아 기뻤다.

새단어

しかる 꾸짖다, 야단치다

申(もう)し込(こ)む 신청하다

理由(りゆう) 이유

(2) 간접 수동

수동문의 주어는 동사가 나타내는 행위로부터 간접적으로 영향을 받고, 그 영향은 주어에게 피해나 마이너스가 되는 일이기 때문에 '피해 수동'이라고도 한다. 능동문에 없는 명사구가 수동문의 주어가 되며 수동문에서 주어는 생략할 수 있다.

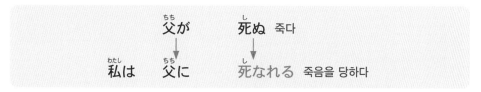

父(ちち)が 死(し)ぬ 죽다

↓

私(わたし)は 父(ちち)に 死(し)なれる 죽음을 당하다

雨(あめ)に 降(ふ)られて 服(ふく)が ぬれて しまった。 비를 맞아서 옷이 젖어 버렸다.

夜(よる) おそく 友(とも)だちに 遊(あそ)びに 来(こ)られて 困(こま)った。 밤늦게 친구가 놀러 와서 곤란했다.

새단어

ぬれる 젖다

(3) 소유자 수동

사람의 신체 부위나 소유물, 소지품, 또는 관련 있는 사람이 영향을 받았을 때 쓰는 용법이다. 수동문의 주어는 능동문에서의 목적어의 소유자가 된다.

田中(たなか)さんは(が) 妹(いもうと)の 足(あし)を 踏(ふ)む 밟다

妹(いもうと)は(が) 田中(たなか)さんに 足(あし)を 踏(ふ)まれる 밟히다

※「妹(いもうと)の 足(あし)は 田中(たなか)さんに 踏(ふ)まれました」가 되지 않도록 주의한다.

昨日(きのう) 駅(えき)で 財布(さいふ)を 盗(ぬす)まれました。
어제 역에서 지갑을 도둑맞았습니다.

私(わたし)は 弟(おとうと)に 先週(せんしゅう) 買(か)った スマホを 壊(こわ)された。
동생이 지난주에 산 내 스마트폰을 망가뜨렸다.

새단어
盗(ぬす)む 훔치다
壊(こわ)す 부수다, 고장 내다

2 동사·い형용사 보통체형 / な형용사 어간·명사＋な ＋のに ~는데도, ~한데

「～のに」는 기대했던 사항, 당연히 그렇게 되리라고 예측했던 것과 다른 결과가 나타날 경우 사용한다. 의외의 결과에 대한 놀라움과 칭찬을 나타내기도 하지만, 대부분 불만이나 유감을 나타낸다.

KT X(ケーティーエックス)で 行(い)ったのに 間(ま)に合(あ)わなかったんです。
KTX로 갔는데도 제시간에 가지 못했습니다.

この レストランは 値段(ねだん)が 高(たか)いのに おいしく ないです。
이 레스토랑은 가격이 비싼데도 맛이 없습니다.

はんこが 必要(ひつよう)なのに 持(も)って 来(こ)なかったんです。
도장이 필요한데 가져오지 않았습니다.

彼(かれ)は 歌手(かしゅ)なのに 歌(うた)が 下手(へた)です。
그는 가수인데도 노래를 못합니다.

새단어
必要(ひつよう)だ 필요하다

3 ～に よって ～에 의해 / ～때문에

창조와 발견을 나타내는 동사를 수동형으로 만들 때, 행위자 뒤에 「～に」가 아니라 「～に よって(～에 의해서)」를 쓴다. 「～に よって」는 또한 수단을 나타내기도 하고 원인과 이유(～에 의해, 때문에)를 나타내기도 한다.

『こころ』は 夏目漱石に よって 書かれました。
고코로는 나쓰메 소세키에 의해 쓰여졌습니다.

アメリカは コロンブスに よって 発見されました。
미국은 콜럼버스에 의해 발견되었습니다.

手術に よって 病気が 治りました。
수술에 의해 병이 나았습니다.

事故に よって たくさんの 人が 亡くなった。
사고 때문에 많은 사람이 사망했다.

새단어

夏目漱石
나쓰메 소세키〈인명〉

コロンブス
콜럼버스〈인명〉

発見する 발견하다

手術 수술

亡くなる 죽다

4 동사 사전형＋ように なる ～하게 되다

「～ように なる」는 상황, 능력의 변화를 나타내는 표현으로, 동사의 사전형에 접속한다.

最近 外国人も キムチを 食べるように なった。
최근 외국인도 김치를 먹게 되었다.

来月から この 駅に 新幹線が 止まるように なります。
다음 달부터 이 역에 신칸센이 서게 됩니다.

レーシック手術で よく 見えるように なりました。
라식 수술로 잘 볼 수 있게 되었습니다.

パソコンが 使えるように なりました。
컴퓨터를 사용할 수 있게 되었습니다.

赤ちゃんが 一人で やっと 歩けるように なりました。
아기가 혼자서 겨우 걸을 수 있게 되었습니다.

새단어

キムチ 김치

止まる 서다, 멈추다

レーシック手術
라식 수술

やっと 겨우

문형 연습하기

보기와 같이 바꿔 봅시다.

1

보기	盗(ぬす)む → 盗(ぬす)んで → 盗(ぬす)まない → 盗(ぬす)まれる

① 押(お)す → ______________________

② 案内(あんない)する → ______________________

③ 置(お)く → ______________________

④ 来(く)る → ______________________

⑤ 怒(おこ)る → ______________________

⑥ 間違(まちが)える → ______________________

새단어 怒(おこ)る 화내다　間違(まちが)える 틀리다, 오인하다

2

보기	
	先生(せんせい) / 私(わたし) / 本(ほん)を 渡(わた)す
	→ 先生(せんせい)は 私(わたし)に 本(ほん)を 渡(わた)しました。
	→ 私(わたし)は 先生(せんせい)に 本(ほん)を 渡(わた)されました。

① 友(とも)だち / 私(わたし) / 仕事(しごと)を 頼(たの)む

→ ______________________

② 外国人(がいこくじん) / 私(わたし) / 道(みち)を 聞(き)く

→ ______________________

③ 弟(おとうと) / 私(わたし) / 嘘(うそ)を つく

→ ______________________

새단어 頼(たの)む 부탁하다　嘘(うそ) 거짓말　嘘(うそ)をつく 거짓말을 하다

3

보기

長(なが)い 時間(じかん) 待(ま)った / バスが 来(く)る

➡ <u>長(なが)い 時間(じかん) 待(ま)ったのに バスが 来(こ)ない</u>。

① とても 忙(いそが)しい / 手伝(てつだ)って くれる

➡ ______________________________

② 歌(うた)が 上手(じょうず)だ / 歌(うた)う

➡ ______________________________

③ 能力(のうりょく)が ある / 働(はたら)く

➡ ______________________________

새단어 能力(のうりょく) 능력

4

보기

誰(だれ) / ハングル / 作(つく)る / 世宗大王(セジョンだいおう)

➡ A: <u>誰(だれ)</u>が <u>ハングル</u>を <u>作(つく)りましたか</u>。

B: <u>世宗大王(セジョンだいおう)</u>に よって <u>作(つく)られました</u>。

① 誰(だれ) / ひまわりの 絵(え) / かく / ゴッホ

➡ ______________________________

② どこ / この SF映画(エスエフえいが) / 製作(せいさく)する / 韓国(かんこく)の 会社(かいしゃ)

➡ ______________________________

③ 誰(だれ) / エアコン / 発明(はつめい)する / キャリア

➡ ______________________________

새단어 ひまわり 해바라기 ゴッホ 고흐〈인명〉 製作(せいさく)する 제작하다 エアコン 에어컨 発明(はつめい)する 발명하다 キャリア 캐리어〈인명〉

TRACK 31

회화 연습하기

보기와 같이 단어를 바꿔 말해 봅시다.

1

보기

A: どうしたんですか。

B: 吉田(よしだ)さんに a 結婚(けっこん)を b 申(もう)し込(こ)まれたんです。

A: 本当(ほんとう)ですか。

B: はい、c 友(とも)だちなのに d びっくりしました。

① a 悪口(わるくち)　b 言(い)う　c ほめて あげた　d 腹(はら)が 立(た)つ

② a 体重(たいじゅう)　b 聞(き)く　c 私(わたし)は 女性(じょせい)だ　d 驚(おどろ)く

③ a 残業(ざんぎょう)　b 頼(たの)む　c 約束(やくそく)が ある　d 困(こま)る

새단어 びっくりする 놀라다　悪口(わるくち・わるぐち) 욕, 험담　腹(はら)が立(た)つ 화가 나다　体重(たいじゅう) 체중　驚(おどろ)く 놀라다

2

보기

A: 立派(りっぱ)な a 建物(たてもの)ですね。

B: b 有名(ゆうめい)な デザイナーに よって c 建(た)てられたんですよ。

A: そうですか。

B: この a 建物(たてもの)の おかげで d 大(おお)きな 会議(かいぎ)が 開(ひら)けるように なりました。

① a 辞書(じしょ)　b たくさんの 考古学者(こうこがくしゃ)　c 作(つく)る　d 古代(こだい)の 文字(もじ)が 読(よ)める

② a 彫刻(ちょうこく)　b 有名(ゆうめい)な 彫刻家(ちょうこくか)　c 彫(ほ)る　d 多(おお)くの 観光客(かんこうきゃく)が 来(く)る

③ a 橋(はし)　b 国(くに)の 政策(せいさく)　c かける　d はやく 空港(くうこう)に 行(い)ける

새단어 デザイナー 디자이너　建(た)てる (건물을) 짓다, 세우다　大(おお)きな 큰　開(ひら)ける 열리다　考古学者(こうこがくしゃ) 고고학자　古代(こだい) 고대　彫刻(ちょうこく) 조각　彫刻家(ちょうこくか) 조각가　彫(ほ)る 조각하다　多(おお)く 많음　政策(せいさく) 정책　かける 놓다, 가설하다

듣기 연습하기

1

잘 듣고 빈칸을 채워 봅시다.

① A: どうして 遅刻(ちこく)したんですか。

B: (　　　　　　　　　　　　　　　　　　　　　　　　)。

② A: どうしたんですか。

B: (　　　　　　　　　　　　　　　　　　　　　　　　)。

③ A: どんな ニュースですか。

B: (　　　　　　　　　　　　　　　　　　　　　　　　)。

④ A: 赤(あか)ちゃんが 大(おお)きく なりましたね。

B: ええ、(　　　　　　　　　　　　　　　　　　　　　)。

새단어 遅(おく)れる 늦다　大雨(おおあめ) 호우, 큰 비　洪水(こうずい) 홍수

2

잘 듣고 내용과 그림이 맞는 대화를 골라 봅시다.

①

ⓐ　ⓑ

②

ⓐ　ⓑ

③

ⓐ　ⓑ

④

ⓐ　ⓑ

새단어 なぐる 세게 때리다　プロポーズ 프러포즈　断(ことわ)る 거절하다
買(か)っといた 사 두었다〈買(か)っておいた의 줄임말〉　眠(ねむ)る 자다

독해 연습하기

다음을 읽고 문제를 풀어 봅시다.

李(イ)さんは 森田先生(もりたせんせい)の 試験(しけん)を 受(う)けました。試験(しけん)には 難(むずか)しい 問題(もんだい)も あったのに よく できたと 先生(せんせい)に ほめられました。次(つぎ)は 小林(こばやし)さんが 韓国語(かんこくご)の 検定試験(けんていしけん)を 受(う)けます。試験(しけん)には ハングルの 問題(もんだい)が 出(で)ます。ⓐハングルは １４４３年(せんよんひゃくよんじゅうさんねん)に 世宗大王(セジョンだいおう)に よって 作(つく)られました。ハングルが 作(つく)られて ふつうの 人(ひと)も 文字(もじ)が 読(よ)めるように なりました。

1 ただしく ない ものは どれでですか。

① 試験(しけん)が よく できたので 森田先生(もりたせんせい)は 李(イ)さんを ほめました。

② 小林(こばやし)さんが 受(う)ける 試験(しけん)は 韓国語(かんこくご)の 検定試験(けんていしけん)です。

③ 試験(しけん)には 難(むずか)しい 問題(もんだい)は ありませんでした。

④ ハングルの おかげで ふつうの 人(ひと)も 文字(もじ)を 読(よ)む ことが できるように なりました。

2 ⓐと ちがう ものは どれですか。

① 世宗大王(セジョンだいおう)は １４４３年(せんよんひゃくよんじゅうさんねん)に ハングルを 作(つく)りました。

② １４４３年(せんよんひゃくよんじゅうさんねん)に 世宗大王(セジョンだいおう)が ハングルに 作(つく)られました。

③ ハングルは １４４３年(せんよんひゃくよんじゅうさんねん)に 世宗大王(セジョンだいおう)が 作(つく)りました。

④ １４４３年(せんよんひゃくよんじゅうさんねん)に 世宗大王(セジョンだいおう)が 作(つく)った ものが ハングルです。

9과

部長(ぶちょう)に 書類(しょるい)の 整理(せいり)を させられました

동사의 사역형에 대해 배워 봅시다.

미리 보기

❶ おもしろくて 私(わたし)も 子(こ)どもに 読(よ)ませました。
❷ 地方(ちほう)に 出張(しゅっちょう)に 行(い)かされました。
❸ さっき 食(た)べた ばかりなんですが……。
❹ 今(いま)は 冬(ふゆ)なので はやく 終(お)わるかも しれません。

문형 꽉! 잡기

TRACK 33

1

A: この 本(ほん) おもしろいですね。

B: はい、おもしろくて 私(わたし)も 子(こ)どもに 読(よ)ませました。

2

A: 先週(せんしゅう)の 土曜日(どようび)は 何(なに)を しましたか。

B: 地方(ちほう)に 出張(しゅっちょう)に 行(い)かされました。

3

A: お昼(ひる)ごはん 食(た)べに 行(い)きませんか。

B: すみません、さっき 食(た)べた ばかりなんですが……。

4

A: 郵便局(ゆうびんきょく)は 何時(なんじ)に 終(お)わりますか。

B: 今(いま)は 冬(ふゆ)なので はやく 終(お)わるかも しれません。

새 단어

～(さ)せる ~하게 하다 **地方(ちほう)** 지방 **～される** (억지로)~하게 하다 **～たばかり** 막 ~한 참
～かもしれない ~일지도 모른다

회화로 또! 확인하기

TRACK 34

고바야시와 이유리, 야마모토가 점심을 먹으러 갑니다.

小林(こばやし) 山本(やまもと)さん、なかなか 来(き)ませんね。

李(イ) そうですね。あ、来(き)た 来(き)た。山本(やまもと)さん、こっち こっち。

山本(やまもと) 待(ま)たせて ごめんね。部長(ぶちょう)に 書類(しょるい)の 整理(せいり)を させられて 遅(おく)れちゃったの。

小林(こばやし) そうですか。忙(いそが)しそうですね。

山本(やまもと) 月末(げつまつ)だから、今週(こんしゅう)は すこし 忙(いそが)しいの。

小林(こばやし) じゃ、さっそく お昼(ひる)ごはん 食(た)べに 行(い)きましょうか。李(イ)さんは 和食(わしょく)・洋食(ようしょく)・中華(ちゅうか)の 中(なか)で どれが いちばん 好(す)きですか。

李(イ) 和食(わしょく)が いちばん 好(す)きです。

山本(やまもと) それじゃ、オープンした ばかりの いい お店(みせ)を 知(し)って いるから そこに 行(い)かない？

李(イ) オープンした ばかりの お店(みせ)？ 行(い)って みたいです。

山本(やまもと) はやく 行(い)かないと 混(こ)むかも しれないから、ちょっと 急(いそ)ぎましょう。

새단어

なかなか 좀처럼, 꽤, 상당히　**ごめん** 미안　**～(さ)せられる** (억지로) ~하게 하다　**和食(わしょく)** 일식　**洋食(ようしょく)** 양식　**中華(ちゅうか)** 중식, 중화 요리
～の中(なか)で ~중에　**～がいちばん～ですか** ~가 가장 ~입니까?

문형 싹! 정리하기

1 동사의 사역형

윗사람이 아랫사람에게 어떤 행동을 시키거나 허가할 때 사용하는 표현이다. 형태적으로 자동사 사역과 타동사 사역으로 나눌 수 있고, 의미적으로 강제·유발(다른 사람에게 행동할 것을 명령하는 경우), 허용·방임(행동을 허락하거나 방해하지 않는 것)으로 나눌 수 있다.

종류	활용 방법	예
1그룹동사	어미 う단 → あ단+せる	書く 쓰다 → 書かせる 쓰게 하다 泳ぐ 헤엄치다 → 泳がせる 헤엄치게 하다 会う 만나다 → 会わせる 만나게 하다 待つ 기다리다 → 待たせる 기다리게 하다 取る 집다 → 取らせる 집게 하다 死ぬ 죽다 → 死なせる 죽게 하다 遊ぶ 놀다 → 遊ばせる 놀게 하다 飲む 마시다 → 飲ませる 마시게 하다 話す 말하다 → 話させる 말하게 하다
2그룹동사	어미 る → ~~る~~+させる	見る 보다 → 見させる 보게 하다 起きる 일어나다 → 起きさせる 일어나게 하다 食べる 먹다 → 食べさせる 먹게 하다 寝る 자다 → 寝させる 자게 하다
3그룹동사	활용이 불규칙함	する 하다 → させる 하게 하다 来る 오다 → 来させる 오게 하다

(1) 자동사 사역

자동사 사역문은 원 문장의 주어에 붙은 조사「が」가「を」나「に」로 바뀐다.「を」를 취하는 경우는 '강제'의 뜻으로,「に」를 취하는 경우는 '허용'의 뜻으로 해석되는 경향이 있다. 또한 감정을 나타내는 동사의 경우는「を」를 사용한다.

子どもが　　遊ぶ 놀다
↓　　↓
母が 子どもを(に)　　遊ばせる 놀게 하다

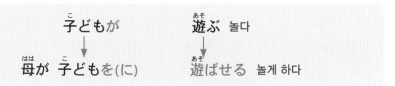

部長は 課長を(に) 会議に 出席させました。 부장은 과장을 회의에 출석시켰습니다.

母は 娘を(に) 買い物に 行かせました。 엄마는 딸을 쇼핑하러 보냈습니다.

その 話は みんなを 泣かせました。 그 이야기는 모두를 울렸습니다.

(2) 타동사 사역

타동사 사역문에서는 원래의 문장에「を」를 취하는 목적어가 있으므로 행위를 당하는 사람은「に」로 표시한다.

学生たちが　作文を　書く 쓰다
↓　↓　↓
先生が　学生たちに　作文を　書かせる 쓰게 하다

息子に 外国語を 勉強させる。

아들에게 외국어를 공부시킨다.

子どもに 好きな ものだけを 食べさせては いけません。

아이에게 좋아하는 것만을 먹여서는 안 됩니다.

새단어

みんな 모두
学生たち 학생들
~たち ~들
作文 작문
外国語 외국어

2 동사의 사역 수동형

사역과 수동의 표현이 같이 쓰여진 형태를 사역 수동형이라 하는데, 자신의 의지가 아니고 타인에 의해 강제적으로 어쩔 수 없이 그 행위를 할 경우 쓰는 표현이다. 행위를 시키는 사람에는 조사 「に」를 붙인다.

1그룹동사의 경우 「せられる」 대신 「される」를 쓰기도 하나, 2·3그룹동사의 경우는 쓸 수 없다. 회화체에서는 「される」를 쓰는 경우가 많다.

종류	활용 방법	예
1그룹동사	어미 う단 → あ단+せられる	書く 쓰다 → 書かせられる(書かされる) 억지로 쓰다 泳ぐ 헤엄치다 → 泳がせられる(泳がされる) 억지로 헤엄치다 会う 만나다 → 会わせられる(会わされる) 억지로 만나다 待つ 기다리다 → 待たせられる(待たされる) 억지로 기다리다 取る 집다 → 取らせられる(取らされる) 억지로 집다 遊ぶ 놀다 → 遊ばせられる(遊ばされる) 억지로 놀다 飲む 마시다 → 飲ませられる(飲まされる) 억지로 마시다 話す 말하다 → 話させられる 억지로 말하다
2그룹동사	어미 る → ~~る~~+させられる	見る 보다 → 見させられる 억지로 보다 着る 입다 → 着させられる 억지로 입다 食べる 먹다 → 食べさせられる 억지로 먹다 寝る 자다 → 寝させられる 억지로 자다
3그룹동사	활용이 불규칙함	する 하다 → させられる 억지로 하다 来る 오다 → 来させられる 억지로 오다

私は 部長に 歌を 歌わせられました (歌わされました)。
나는 부장님이 시켜서 (억지로) 노래를 불렀습니다.

明子さんは いつも 課長に お茶を 入れさせられます。
아키코 씨는 항상 과장님이 시켜서 (억지로) 차를 탑니다.

引っ越しの 手伝いを させられました。
(억지로) 이사를 도왔습니다.

休日なのに 学校に 来させられた。
휴일인데 (억지로) 학교에 왔다.

3 ～の 中(なか)で＋의문사＋が いちばん ～ですか

～중에서 ～가 가장 ～합니까?

어떤 내용이 최고인지를 물어보는 표현이다. 의문사에는「何(なに), どこ, 誰(だれ), いつ」등이 온다.

日本料理(にほんりょうり)の 中(なか)で 何(なに)が いちばん 好(す)きですか。
일본 요리 중에서 무엇을 가장 좋아합니까?

料理(りょうり)の 中(なか)で すしが いちばん 好(す)きです。
요리 중에서 초밥을 가장 좋아합니다.

A：学生(がくせい)の 中(なか)で 誰(だれ)が いちばん 速(はや)いですか。
학생 중에서 누가 가장 빠릅니까?

B：山本(やまもと)くんが いちばん 速いです。
야마모토가 가장 빠릅니다.

새단어

～くん ～군

4 동사의 た형＋た ばかり 막(금방) ～한 참

「～たばかり」는 어떤 동작이 끝나고 나서 시간이 얼마 되지 않았음을 나타내는 표현으로, 동사의 た형에 접속한다.

吉本(よしもと)さんは 先月(せんげつ) 結婚(けっこん)した ばかりです。 요시모토 씨는 지난달 막 결혼했습니다.

さっき 掃除(そうじ)した ばかりなので きれいです。 조금 전 막 청소했기 때문에 깨끗합니다.

1ヶ月前(いっかげつまえ)に 日本(にほん)に 来(き)た ばかりなのに もう 慣(な)れた。
한 달 전에 일본에 왔는데, 벌써 익숙해졌다.

山田(やまだ)さんは 四月(しがつ)に 会社(かいしゃ)に 入(はい)った ばかりです。 야마다 씨는 4월에 회사에 갓 입사했습니다.

새단어

～ヶ月(かげつ) ～개월
慣(な)れる 익숙해지다

5 동사·い형용사 보통체형 / な형용사 어간 / 명사 + かも しれない ~일지도 모른다

「～かも しれない」는 어떤 일이 이루어졌거나 이루어질 가능성이 있다는 뜻으로, 「～でしょう」보다 가능성의 정도가 낮다.

急(いそ)がないと 電車(でんしゃ)が なくなるかも しれません。
서두르지 않으면 전철이 끊길지도 모릅니다.

この 問題(もんだい)は 難(むずか)しいかも しれません。
이 문제는 어려울지도 모릅니다.

車(くるま)が なかったら 不便(ふべん)かも しれない。
차가 없다면 불편할지도 모른다.

午後(ごご)から 雨(あめ)かも しれないので、傘(かさ)を 持(も)って いって ください。
오후부터 비가 올지도 모르니까 우산을 갖고 가 주세요.

문형 연습하기

보기와 같이 바꿔 봅시다.

1

보기	ここから 近(ちか)い / いつも 歩(ある)く ➡ ここから 近(ちか)いから いつも 歩(ある)かせます。

① 体(からだ)に いい / 野菜(やさい)を 食(た)べる

➡ ____________________

② 子(こ)どもは 元気(げんき)だ / 外(そと)で 遊(あそ)ぶ

➡ ____________________

③ バイオリンが 好(す)きだ / バイオリンの レッスンに 通(かよ)う

➡ ____________________

새단어 レッスン 레슨, 수업

2

보기	父(ちち) / 私(わたし) / 荷物(にもつ)を 運(はこ)ぶ ➡ 父(ちち)は 私(わたし)に 荷物(にもつ)を 運(はこ)ばせました。 ➡ 私(わたし)は 父(ちち)に 荷物(にもつ)を 運(はこ)ばせられました。

① 友(とも)だち / 私(わたし) / お金(かね)を 払(はら)う

➡ ____________________

② 先輩(せんぱい) / 後輩(こうはい) / お酒(さけ)を 飲(の)む

➡ ____________________

③ 先生(せんせい) / 学生(がくせい) / 漢字(かんじ)を 覚(おぼ)える

➡ ____________________

새단어 払(はら)う 지불하다

3

보기

会社(かいしゃ)に 入(はい)りました / 何(なに)も わからない

➡ 会社(かいしゃ)に 入(はい)った ばかりなので、何(なに)も わかりません。

① この 車(くるま)は 先週(せんしゅう) 買(か)いました / まだ 新(あたら)しい

➡ ______________________________

② さっき 食(た)べました / おなかが いっぱいだ

➡ ______________________________

③ 書道(しょどう)を 習(なら)い始(はじ)めました / まだ 下手(へた)だ

➡ ______________________________

새단어 習(なら)い始(はじ)める 배우기 시작하다

4

보기

間(ま)に合(あ)わない / 急(いそ)ぐ

➡ A: 間(ま)に合(あ)わないかも しれません。

B: そうですね。急(いそ)いだ ほうが いいですね。

① 駐車場(ちゅうしゃじょう)が ない / タクシーで 行(い)く

➡ ______________________________

② 風邪(かぜ)だ / 医者(いしゃ)に 診(み)て もらう

➡ ______________________________

③ 夏(なつ)の ホテルは 混(こ)む / はやく 予約(よやく)する

➡ ______________________________

새단어 診(み)る 진찰하다

회화 연습하기

보기와 같이 단어를 바꿔 말해 봅시다.

TRACK 35

1

보기

A: 子(こ)どもの とき 何(なに)を させられましたか。

B: a 外国語(がいこくご)の 勉強(べんきょう)を させられました。

A: じゃ、自分(じぶん)の 子(こ)どもには 何(なに)を させたいですか。

B: b 外(そと)で 自由(じゆう)に 遊(あそ)ばせたいです。

① a ピアノを ひく　　b 絵(え)を 習(なら)う

② a 塾(じゅく)に 行(い)く　　b 柔道(じゅうどう)を やる

③ a 弟(おとうと)の 面倒(めんどう)を 見(み)る　　b 本(ほん)を たくさん 読(よ)む

새단어　自分(じぶん) 자기, 자신　自由(じゆう)に 자유롭게　塾(じゅく) 학원　柔道(じゅうどう) 유도　面倒(めんどう)を見(み)る 돌보다

2

보기

A: これらの a 小説(しょうせつ)の 中(なか)で どれが いちばん b 読(よ)みたいですか。

B: この a 小説(しょうせつ)は 先日(せんじつ) b 読(よ)んだ ばかりです。

A: じゃ、この a 小説(しょうせつ)が c いいかも しれません。どうですか。

B: はい、その a 小説(しょうせつ)を b 読(よ)んで みます。

① a 料理(りょうり)　　b 食(た)べる　　c おいしい

② a 映画(えいが)　　b 見(み)る　　c 好(この)みに 合(あ)う

③ a イヤリング　　b 買(か)う　　c 似合(にあ)う

새단어　これら 이것들　先日(せんじつ) 얼마 전　好(この)み 기호, 취향　合(あ)う 맞다

TRACK 36

듣기 연습하기

1 잘 듣고 빈칸을 채워 봅시다.

① A: 娘(むすめ)さんを（　　　　　　　　　　　　　　　　　）。
B: 近所(きんじょ)の スーパーに 牛乳(ぎゅうにゅう)を 買(か)いに 行(い)かせました。

② A:（　　　　　　　　　　　　　　　　　）。
B: 書類(しょるい)の コピーを 取(と)らされました。

③ A: 山田(やまだ)さんの 電話番号(でんわばんごう)を 教(おし)えて ください。
B: すみません、（　　　　　　　　）忘(わす)れて しまいました。

④ A: 曇(くも)って いるので（　　　　　　　　　　　　　　　　　）。
B: そうですね。傘(かさ)を 持(も)って いった ほうが いいです。

새단어 娘(むすめ)さん (다른 사람의) 딸, 따님　牛乳(ぎゅうにゅう) 우유

2 잘 듣고 질문에 맞는 사람을 골라 적어 봅시다.

① 料理(りょうり)を 作(つく)った 人(ひと)は 誰(だれ)ですか。
（　　　　　　　　）

② 部屋(へや)の 掃除(そうじ)を した 人(ひと)は 誰(だれ)ですか。
（　　　　　　　　）

③ 妹(いもうと)を ピアノの レッスンに 行(い)かせた 人(ひと)は 誰(だれ)ですか。
（　　　　　　　　）

④ 犬(いぬ)と 散歩(さんぽ)した 人(ひと)は 誰(だれ)ですか。
（　　　　　　　　）

독해 연습하기

다음을 읽고 문제를 풀어 봅시다.

小林(こばやし)さんと 李(イ)さん、山本(やまもと)さんは お昼(ひる)ごはんを 食(た)べに 行(い)く 約束(やくそく)を しましたが、山本(やまもと)さんは 小林(こばやし)さんと 李(イ)さんを 待(ま)たせて しまいました。部長(ぶちょう)に 書類(しょるい)の 整理(せいり)を させられて 遅(おく)れて しまったからです。お昼(ひる)ごはんは 李(イ)さんが 和食(わしょく)・洋食(ようしょく)・中華(ちゅうか)の 中(なか)で 和食(わしょく)が いちばん 好(す)きなので オープンしたばかりの 和食(わしょく)の レストランに 行(い)く ことに しました。混(こ)むかも しれないので 3人(さんにん)は 急(いそ)いで レストランに 行(い)きました。

1 山本(やまもと)さんは なぜ 遅(おく)れましたか。

① 小林(こばやし)さんと 李(イ)さんが 山本(やまもと)さんを 待(ま)ったからです。

② 小林(こばやし)さんと 李(イ)さんが 山本(やまもと)さんを 待(ま)たせたからです。

③ 部長(ぶちょう)が 山本(やまもと)さんに 書類(しょるい)の 整理(せいり)を させたからです。

④ 部長(ぶちょう)が 山本(やまもと)さんに 書類(しょるい)の 整理(せいり)を させられたからです。

2 どれが ただしいですか。

① 3人(さんにん)は お昼(ひる)ごはんを 食(た)べに 洋食(ようしょく)の レストランに 行(い)きました。

② レストランは 混(こ)むかも しれないので 急(いそ)いで 行(い)きました。

③ 李(イ)さんは 和食(わしょく)・洋食(ようしょく)・中華(ちゅうか)の 中(なか)で 洋食(ようしょく)が いちばん 好(す)きです。

④ オープンした ばかりの 洋食(ようしょく)の レストランは 混(こ)むかも しれません。

새단어 なぜ 왜, 어째서

일본의 전통 의상

일본 고유의 전통 의상은 기모노(着物) 또는 와후쿠(和服)라고 합니다. 명절, 성인식, 졸업식, 결혼식 등 특별한 행사에 주로 입습니다. 여성 기모노는 색상과 무늬가 화려하지만, 남성 기모노는 단순하고 어두운 색 계통이 많습니다. 기모노를 입을 때는 남녀 모두 일본식 버선인 다비(足袋)에 조리(草履)를 신습니다.

여성 기모노

후리소데(振り袖)는 미혼 여성이 입는 기모노로 소맷자락이 길고 화려합니다. 성인식과 같이 중요한 의식에 참석할 때 입습니다.
도메소데(留め袖)는 기혼 여성이 입는 기모노로 소맷자락이 짧습니다.

남성 기모노

하오리(羽織)는 기모노 위에 덧입는 기장이 짧은 상의로 앞섶을 여미지 않습니다.
하카마(袴)는 기모노 위에 입는 품이 넓은 하의로 아랫단까지 주름이 잡혀 있습니다. 하오리와 하카마는 격식을 차려야 하는 장소에서 입습니다.
여성용 하카마도 있는데 주로 졸업식 때 입습니다.

유카타(浴衣)

여름에 입는 무명 홑옷입니다. 원래는 목욕한 후에 입는 실내복이었으나 현재는 외출복으로도 입습니다. 유카타를 입을 때는 맨발에 게타(下駄)를 신습니다.

10과

韓国(かんこく)で 先生(せんせい)に お目(め)に かかりたいです

경어표현을 배워 봅시다.

미리 보기

❶ お父(とう)さんは いつ 上京(じょうきょう)されますか。

❷ どれが 先生(せんせい)が お書(か)きに なった 本(ほん)ですか。

❸ すぐ できますので、少々(しょうしょう) お待(ま)ちください。

❹ ご案内(あんない)しますので こちらへ どうぞ。

문형 꽉! 잡기

TRACK 37

1

A: お父(とう)さんは　いつ　上京(じょうきょう)されますか。

B: 父(ちち)は　夕方(ゆうがた)　来(き)ます。

2

A: どれが　先生(せんせい)が　お書(か)きに　なった　本(ほん)ですか。

B: この　赤(あか)い　本(ほん)です。

3

A: 何時(なんじ)に　できあがりますか。

B: すぐ　できますので、少々(しょうしょう)　お待(ま)ちください。

4

A: 受付(うけつけ)は　どこですか。

B: ご案内(あんない)しますので　こちらへ　どうぞ。

새단어

上京(じょうきょう)する 상경하다　～(さ)れる ～하시다　お(ご)～になる ～하시다　できあがる 완성되다　少々(しょうしょう) 잠시, 잠깐

お(ご)～くださる ～해 주시다　お(ご)～する ～하다

회화로 또! 확인하기

TRACK 38

야마모토와 고바야시가 문 선생님과 작별 인사를 하고 있습니다.

山本(やまもと)　文先生(ムンせんせい) 明日(あした) ご帰国(きこく)ですね。今(いま)まで 本当(ほんとう)に お世話(せわ)に なりました。

小林(こばやし)　何時(なんじ)の 飛行機(ひこうき)で 出発(しゅっぱつ)されるんですか。

文(ムン)　午後(ごご) 2時(にじ)の 飛行機(ひこうき)です。

山本(やまもと)　私(わたし)たち 空港(くうこう)まで お見送(みおく)りしますね。

文(ムン)　山本(やまもと)さん、小林(こばやし)さん、これからも 韓国語(かんこくご)の 勉強(べんきょう) がんばって ください。そして いつでも 韓国(かんこく)に 来(き)て ください。韓国(かんこく)に いらっしゃった ときには 私(わたし)が 案内(あんない)します。

小林(こばやし)　ありがとうございます。韓国(かんこく)に お帰(かえ)りに なっても 私(わたし)たちの こと 忘(わす)れないで くださいね。また いつか 日本(にほん)にも お越(こ)し ください。

山本(やまもと)　今度(こんど)は 韓国(かんこく)で 先生(せんせい)に お目(め)に かかりたいです。

文(ムン)　私(わたし)も いつか 韓国(かんこく)で 会(あ)えるのを 楽(たの)しみに して います。

새 단어

世話(せわ) 도와줌, 보살핌　お世話(せわ)になる 신세를 지다　私(わたし)たち 우리들　～たち ~들　いつか 언젠가
お越(こ)しください 와 주세요〈来(く)る의 존경어〉　お目(め)にかかる 만나 뵙다〈会(あ)う의 겸양어〉　楽(たの)しみにする 기대하다

문형 쏙! 정리하기

1 경어

경어란 듣는 사람이나 대화 속의 인물에 대하여 말하는 사람이 경의를 나타내는 것이다. 한국어는 윗사람이라면 가족이라도 경어(절대경어)를 사용하는데 반하여 일본어는 말하는 사람과 듣는 사람과의 관계, 가족과 타인을 구분하고, 내부 사람과 외부 사람 등을 구별하여 사용하는 상대경어를 쓴다. 경어에는 '존경어', '겸양어', '정중어(です, ます, ございます 등이 붙는 표현)'가 있다.

2 お · ご의 용법

「お」, 「ご」는 명사, 형용사, 부사 등에 붙어 존경의 의미를 나타내거나 말을 예쁘게 만들고, 말하는 사람을 품위 있게 하는 역할을 한다. 「お」는 일본의 고유어, 「ご」는 한자어에 붙는 것이 원칙이나 예외도 있다.

종류	「お」가 붙는 예	「ご」가 붙는 예
명사	お国, お名前, お仕事, お宅, お部屋, お手紙, お話	ご家族, ご意見, ご旅行, ご住所, ご両親, ご兄弟, ご研究, ご連絡, ご相談, ご報告, ご案内
い형용사	お忙しい, お若い	
な형용사	お元気, お上手, お暇	ご熱心, ご親切, ご心配, ご自由に
부사		ごゆっくり
예외	お時間, お電話, お食事, お留守	

※ 「お / ご」는 존경어나 겸양어에 모두 사용할 수 있으나 다음과 같이 말하는 사람에 관한 사항을 말할 때에는 붙일 수 없으므로 주의한다.

예 私の ご家族は、日本に います。(×)

3 존경표현

존경표현은 듣는 사람이나 화제의 인물을 높여서 경의를 나타내는 표현이다. 존경동사 이외의 일반동사로 존경표현을 만들 수 있는데, 동사의 어미를 활용하거나 특별한 문형과 접속한다.

(1) 「れる·られる」를 접속한다. 접속은 수동형과 같다(8과 표 참조).

종류	활용 방법	예
1그룹동사	어미 う단 → あ단+れる	歩(ある)く 걷다 → 歩(ある)かれる 걸으시다
2그룹동사	어미 る → ~~る~~+られる	教(おし)える 가르치다 → 教(おし)えられる 가르치시다
3그룹동사	활용이 불규칙함	する 하다 → される 하시다 来(く)る 오다 → 来(こ)られる 오시다

今朝(けさ) 新聞(しんぶん)を 読(よ)まれましたか。 오늘 아침 신문을 읽으셨습니까?

先生(せんせい)、車(くるま)を 替(か)えられたんですか。 선생님, 차를 바꾸셨습니까?

何時(なんじ)の 飛行機(ひこうき)で 来(こ)られるんですか。 몇 시 비행기로 오십니까?

(2) お(ご)+ 동사의 ます형 / 동작성 명사 +に なる ~하시다

「お(ご)~になる」는 동사의 ます형과 동작성 명사에 접속해 존경표현을 만들 수 있다. 이 때 「来(く)る, いる, 見(み)る」 등과 같이 1음절 동사는 쓸 수 없다.

どのくらい お待(ま)ちに なりましたか。
얼마나 기다리셨습니까?

社長(しゃちょう)は いつも 朝(あさ) 8時(はちじ)に お出(で)かけに なります。
사장님은 언제나 아침 8시에 외출하십니다.

朝刊(ちょうかん)を お読(よ)みに なりましたか。 조간을 읽으셨습니까?

来週(らいしゅう)の 会議(かいぎ)には ご出席(しゅっせき)に なりますか。
다음 주 회의에는 출석하십니까?

(3)

お(ご)+ 동사 ます형 / 동작성 명사 +ください ~해 주세요, ~해 주십시오

「お(ご)~ください」는 상대에게 정중하게 의뢰하거나 권유할 때 쓴다.

少々(しょうしょう) お待(ま)ちください。 조금만 기다려 주십시오.

ご自由(じゆう)に お取(と)りください。 자유롭게 가져가십시오.

のちほど お電話(でんわ)ください。 나중에 전화 주십시오.

明日(あした) ご連絡(れんらく)ください。 내일 연락해 주십시오.

気(き)を つけて ご乗車(じょうしゃ)ください。 조심하여 승차해 주십시오.

새단어

今朝(けさ) 오늘 아침
替(か)える 바꾸다, 갈다
朝刊(ちょうかん) 조간
のちほど 나중에
乗車(じょうしゃ) 승차

4 겸양표현

겸양표현은 말하는 사람이 듣는 사람이나 화제의 인물에 대하여 경의를 표하기 위하여 자신 또는 말하는 사람 쪽에 속해 있는 사람의 행위를 낮추어 말하는 표현이다. 겸양동사 이외의 일반동사로 겸양표현을 만들 수 있는데, 동사의 어미를 활용하거나 특별한 문형과 접속한다.

お(ご)+ 동사 ます형 / 동작성 명사 +する ~해 드리다, ~하겠다

「お(ご)~する」는 동사의 ます형과 동작성 명사에 접속해 겸양표현을 만들 수 있다. 이때 1음절 동사(来(く)る, いる, 見(み)る 등)는 쓸 수 없다. 「する」를 「いたす」로 바꾸면 경어의 강도가 높아진다.

メールで お送(おく)りします。 메일로 보내겠습니다.

先生(せんせい)に ご相談(そうだん)したい ことが あるのですが……。 선생님께 상담 드릴 일이 있는데요…….

明日(あした) お電話(でんわ)しますので、ご安心(あんしん)ください。 내일 전화 드릴 테니 안심해 주세요.

社長(しゃちょう)に お伝(つた)えいたします。 사장님께 전달하겠습니다.

새단어

相談(そうだん) 상담
伝(つた)える 전하다

5 특별한 경어

'계시다, 여쭙다'와 같이 단어 자체에 존경·겸양의 의미가 있는 단어가 있다. 이를 '존경동사·겸양동사'라고 한다.

기본동사	존경동사	겸양동사
会う 만나다		お目にかかる 만나다, 만나 뵙다
言う 말하다	おっしゃる 말씀하시다	申す・申し上げる 말씀드리다, 말하다
行く 가다 来る 오다	いらっしゃる・おいでに なる 가시다, 오시다	参る・伺う 가다, 오다
いる 있다	いらっしゃる・おいでに なる 계시다	おる 있다
借りる 빌리다		拝借する 빌리다
聞く 묻다		伺う 여쭙다
聞く 듣다 受ける 받다		うけたまわる 듣다, 받다
くれる 주다	くださる 주시다	
知る 알다 思う 생각하다	ご存じだ 아시다	存じる・存じ上げる 알다, 생각하다
する 하다	なさる 하시다	致す 하다
訪ねる・訪問する 방문하다		伺う・あがる 찾아뵙다
食べる 먹다 飲む 마시다	召し上がる 드시다, 잡수시다	いただく 먹다, 마시다
見る 보다	ご覧に なる 보시다	拝見する 보다
もらう 받다		いただく 삼가 받다
やる 주다 あげる 주다		差し上げる 드리다

今(いま) なんと おっしゃいましたか。

지금 뭐라고 말씀하셨어요?

今(いま) 課長(かちょう)は 会議室(かいぎしつ)に いらっしゃいます。

지금 과장님은 회의실에 계십니다.

田中(たなか)さんは ゴルフを なさいますか。

다나카씨는 골프를 하십니까?

お食事(しょくじ)は もう 召(め)し上(あ)がりましたか。

식사는 벌써 드셨습니까?

パーティーで 社長(しゃちょう)の 奥(おく)さんに お目(め)に かかった。

파티에서 사장님의 사모님을 만나뵈었다.

小野(おの)さゆりと 申(もう)します。

오노 사유리라고 합니다.

私(わたし)も よく 存(ぞん)じません。

저도 잘 모릅니다.

明日(あした) 先生(せんせい)の 研究室(けんきゅうしつ)に 伺(うかが)います。

내일 선생님 연구실로 찾아뵙겠습니다.

새단어

なんと 뭐라고

おっしゃる 말씀하시다 〈言(い)う의 존경어〉

ゴルフ 골프

なさる 하시다 〈する의 존경어〉

奥(おく)さん 부인, 사모님

申(もう)す 말씀드리다 〈言(い)う의 겸양어〉

存(ぞん)じる 알다 〈知(し)る의 겸양어〉

伺(うかが)う 찾아뵙다 〈訪(たず)ねる의 겸양어〉

문형 연습하기

1 빈칸을 채워 봅시다.

기본동사	존경동사	겸양동사
行(い)く・来(く)る	いらっしゃる・①	参(まい)る・伺(うかが)う
いる	いらっしゃる	②
する	なさる	③
見(み)る	④	拝見(はいけん)する
あげる		⑤
くれる	⑥	
もらう		⑦

새단어 **参(まい)る** 가다, 오다〈行(い)く, 来(く)る의 겸양어〉 **伺(うかが)う** 가다, 오다〈行(い)く, 来(く)る의 겸양어〉 **拝見(はいけん)する** 보다〈見(み)る의 겸양어〉

2 보기와 같이 바꿔 봅시다.

> **보기**
> いつ / 車(くるま)に 乗(の)る
> ➡ いつ 車(くるま)に お乗(の)りに なりますか。

① どこで / 写真(しゃしん)を 撮(と)る

➡ ______________________________

② どんな / 本(ほん)を 書(か)く

➡ ______________________________

③ 何時(なんじ)に / お客(きゃく)さんに 会(あ)う

➡ ______________________________

3 보기와 같이 바꿔 봅시다.

보기	帰(かえ)りの 時間(じかん)を 知(し)らせる ➡ A: 帰(かえ)りの 時間(じかん)を お知(し)らせください。 B: はい、帰(かえ)りの 時間(じかん)を お知(し)らせします。

① 会社(かいしゃ)を 案内(あんない)する

➡ ______________________________

② 名前(なまえ)の 漢字(かんじ)を 教(おし)える

➡ ______________________________

③ 辞書(じしょ)を 貸(か)す

➡ ______________________________

4 보기와 같이 바꿔 봅시다.

보기	私(わたし)が 見送(みおく)る / そちらで 待(ま)つ ➡ 私(わたし)が お見送(みおく)りしますので、そちらで お待(ま)ちください。

① 傘(かさ)を 貸(か)す / 使(つか)う

➡ ______________________________

② 鍵(かぎ)を 渡(わた)す / 入(はい)る

➡ ______________________________

③ 書留(かきとめ)を 送(おく)る / 本人(ほんにん)が 受(う)け取(と)る

➡ ______________________________

새단어 書留(かきとめ) 등기 本人(ほんにん) 본인 受(う)け取(と)る 받다

회화 연습하기

보기와 같이 단어를 바꿔 말해 봅시다.

1

보기

A: a 荷物(にもつ)を お持(も)ちしましょうか。

B: それじゃ、お願(ねが)いします。

A: b そちらの 荷物(にもつ)も c お渡(わた)しください。

B: 本当(ほんとう)に ありがとうございます。

① a 紅茶(こうちゃ)を 入れる　b 砂糖(さとう)や レモン　c 自由(じゆう)に 入(い)れる

② a コートを 預(あず)かる　b 帽子(ぼうし)　c 預(あず)ける

③ a 手袋(てぶくろ)を 貸(か)す　b この マフラー　c 使(つか)う

새단어 それじゃ 그럼　レモン 레몬　預(あず)かる 맡다, 보관하다

2

보기

A: これは a 先生(せんせい)が b 書(か)かれた c 本(ほん)ですか。

B: うん、そうだよ。

A: たくさん c 本(ほん)を b お書(か)きに なるんですね。
d 拝見(はいけん)しても よろしいでしょうか。

B: うん、いいよ。

① a 課長(かちょう)　b 育(そだ)てる　c 野菜(やさい)　d すこし もらう

② a お嬢(じょう)さま　b 作(つく)る　c 曲(きょく)　d ちょっと 聞(き)く

③ a 奥(おく)さま　b 焼(や)く　c クッキー　d 食(た)べる

새단어 お嬢(じょう)さま 아가씨　曲(きょく) 곡　奥(おく)さま 부인, 사모님

듣기 연습하기

1 잘 듣고 보기와 같이 경어를 정중체로 바꿔 봅시다.

보기	新しい 映画を ご覧に なりました。 → 新しい 映画を 見ました。

① 部長に プレゼントを（　　　　　　　　　　）。

② 二列に（　　　　　　　　　　）。

③ わかりにくい ところを（　　　　　　　　　　）。

④ 課長の お宅の 電話番号を（　　　　　　　　　　）。

새단어 ご覧になる 보시다〈見る의 존경어〉 二列 2열 並ぶ 늘어서다 お宅 댁

2 잘 듣고 경어가 맞으면 ○, 틀리면 ×해 봅시다.

①

（　　　）

②

（　　　）

③

（　　　）

④

（　　　）

새단어 ご存知だ 아시다〈知る의 존경어〉 スケジュール 스케줄 知らせる 알리다

독해 연습하기

다음을 읽고 문제를 풀어 봅시다.

文先生、お元気で いらっしゃいますか。先生が（　ⓐ　）1ヶ月が 過ぎましたね。私や 小林くんは 今も 韓国語の 勉強を 続けて おります。先生、風邪を ひかれたそうですね。もう 大丈夫ですか。健康には くれぐれも お気を つけください。冬休みに なったら 私と 小林くん、李さんの 3人で 韓国に 行く つもりです。その ときは（　ⓑ　）。先生も また 日本に いらっしゃって ください。東京の 新しい 観光地を ご案内します。

1　（ ⓐ ）の いちばん ただしい かたちは どれですか。

① お帰りしまして

② お帰りくださって

③ お帰りして

④ お帰りに なって

2　（ ⓑ ）に 入る いちばん ただしい ものは どれですか。

① 文先生と 韓国に うかがいたいと 思います

② 文先生に お目に かかりたいと 思います

③ 文先生に お土産を いただきたいと 思います

④ 文先生が 韓国に いらっしゃると 思います

새단어 続ける 계속하다　くれぐれも 부디　冬休み 겨울방학　かたち 모양, 형태

함께 읽어보는 일본의 문화

여러 가지 마크

일본의 거리나 공공시설에는 여러 가지 마크가 있습니다. 다음의 마크는 어떤 의미일까요?

해일 주의 	지진이 일어났을 때에 해일의 위험이 있는 지역을 나타냅니다. 해일 주의보·해일 경보가 나면 해안으로부터 떨어져 안전한 높은 곳으로 피난합니다.
우편기호 	우체국이나 우편번호를 나타냅니다. 메이지(明治) 20년(1887년)에 제정되었습니다.
재난 피난장소 	재난이 발생한 경우 피난할 수 있는 장소를 나타냅니다.
와카바 마크(若葉マーク) 	운전자가 초보운전이라는 것을 나타내는 표시입니다. 운전하는 자동차의 전후에 잘 보이도록 붙이고, 운전면허를 취득한 뒤 1년간 붙이고 다니는 것이 의무화되어 있습니다. 이 외에 '모미지 마크(**もみじマーク**)'라는 것이 있는데, 70세 이상의 사람이 운전하는 것을 나타내는 마크입니다. 다만, '모미지 마크'를 다는 것은 의무화되어 있지 않습니다.

문형정리 2 6과~10과

- ~そうだ〈양태〉 ~일 것 같다
- ~そうだ〈전문〉 ~라고 한다
- ~に よると ~에 의하면
- ~と 言(い)う ~라고 하다
- ~か どうか ~일지 어떨지
- ~けど(けれども) ~이지만, ~하지만, ~는데
- ~みたいだ ~인 것 같다/~같다
- ~でしょう ~겠지요
- ~らしい ~인 듯하다, ~인 것 같다
- 의문사+か ~인가, ~인지
- ~て ほしい ~해 주기를 바란다

동사의 수동형

종류	만드는 법
1그룹동사	어미 う단 → あ단+れる
2그룹동사	어미 る → ~~る~~+られる
3그룹동사	される, 来(こ)られる

- ~のに ~는데도, ~한데
- ~に よって ~에 의해 / ~때문에
- ~ように なる ~하게 되다

동사의 사역형

종류	만드는 법
1그룹동사	어미 う단 → あ단+せる
2그룹동사	어미 る → ~~る~~+させる
3그룹동사	させる, 来(こ)させる

동사의 사역 수동형

종류	만드는 법
1그룹동사	어미 う단 → あ단+せられる
2그룹동사	어미 る → ~~る~~+させられる
3그룹동사	させられる, 来(こ)させられる

- ~の 中(なか)で ~が いちばん ~ですか
  ~중에서 ~가 가장 ~합니까?
- ~た ばかり 막(금방) ~한 참
- ~かも しれない ~일지도 모른다
- お(ご)~に なる ~하시다
- お(ご)~ください ~해 주세요, ~해 주십시오
- お(ご)~する ~해 드리다, ~하겠다

종합 연습문제 2

6과~10과

1 보기를 보면서 빈칸을 채워 봅시다.

보기 書く	書かれる	書かせる	書かされる(書かせられる)
教える	①	教えさせる	教えさせられる
待つ	待たれる	待たせる	②
遊ぶ	遊ばれる	③	遊ばされる(遊ばせられる)
来る	来られる	④	来させられる
する	⑤	させる	させられる
話す	⑥	話せる	話させられる
着る	着られる	⑦	着させられる
調べる	調べられる	調べさせる	⑧

2 보기에서 단어를 골라 알맞은 형태로 바꿔 넣어 봅시다.

보기	売れる	良い	降る	始まる	大変だ

① 暑いので アイスクリームが よく ＿＿＿＿＿＿ そうです。

② 天気予報に よると 来月から 梅雨が ＿＿＿＿＿＿ そうです。

③ 友だちの 話に よると 健康に ＿＿＿＿＿＿ そうです。

④ とても 忙しくて ＿＿＿＿＿＿ そうです。

⑤ 曇って きたので 雨が ＿＿＿＿＿＿ そうです。

3 보기와 같이 바꿔 봅시다.

보기	子(こ)どもが 寝(ね)る / 静(しず)かに する → 子(こ)どもが 寝(ね)た ばかりなので 静(しず)かに して ほしいと 思(おも)う。

① 引(ひ)っ越(こ)して くる / 道(みち)を 教(おし)える

→ ____________________

② 運転免許(うんてんめんきょ)を 取(と)る / 気(き)を つける

→ ____________________

③ 新(あたら)しく 買(か)う / 大事(だいじ)に 使(つか)う

→ ____________________

④ 今(いま) 起(お)きる / もう すこし 待(ま)つ

→ ____________________

4 보기와 같이 동사를 수동형 또는 사역형으로 바꿔 봅시다.

보기	電車(でんしゃ)の 中(なか)で 足(あし)を 踏(ふ)まれました。(踏(ふ)む)

① 母(はは)は 子(こ)どもに 野菜(やさい)を ____________________。(食(た)べる)

② 先輩(せんぱい)に 仕事(しごと)を ____________________。(頼(たの)む)

③ 社長(しゃちょう)は 課長(かちょう)を 会社(かいしゃ)に ____________________。(来(く)る)

④ 去年(きょねん)、突然(とつぜん) 事故(じこ)で 父(ちち)に ____________________。(死(し)ぬ)

새단어 | 突然(とつぜん) 돌연, 갑자기

5 보기와 같이 바꿔 봅시다.

보기	金先生(キムせんせい)は 部屋(へや)に <u>いらっしゃいます</u>。(います)

① 話題(わだい)の 映画(えいが)を もう ＿＿＿＿＿＿＿＿＿＿。(見(み)ましたか)

② 先生(せんせい)は 明日(あした) テストが あると ＿＿＿＿＿＿＿＿＿＿。(言(い)いました)

③ 夕食(ゆうしょく)を ＿＿＿＿＿＿＿＿＿＿。(食(た)べましたか)

④ 部長(ぶちょう)が お土産(みやげ)を ＿＿＿＿＿＿＿＿＿＿。(くれました)

⑤ パーティーの 会場(かいじょう)を ＿＿＿＿＿＿＿＿＿＿。(知(し)って いますか)

6 다음을 일본어로 써 봅시다.

① 일기 예보에 의하면 내일부터 맑아진다고 하지만, 정말 맑아질지 어떨지 걱정입니다.

➡ ＿＿＿＿＿＿＿＿＿＿＿＿＿＿＿＿＿＿＿＿

② 은행에 가는 길은 알겠지요?

➡ ＿＿＿＿＿＿＿＿＿＿＿＿＿＿＿＿＿＿＿＿

③ 야마다 씨는 막 산 지갑을 도둑맞아서 힘이 없어 보여요.

➡ ＿＿＿＿＿＿＿＿＿＿＿＿＿＿＿＿＿＿＿＿

④ 휴일인데도 억지로 회사에 오게 되었습니다.

➡ ＿＿＿＿＿＿＿＿＿＿＿＿＿＿＿＿＿＿＿＿

⑤ 가족을 소개해 드릴 테니 잠시 기다려 주십시오.

➡ ＿＿＿＿＿＿＿＿＿＿＿＿＿＿＿＿＿＿＿＿

부록

동사 활용표

	사전형	가능형	의지형	조건표현	
				～と	～ば
1그룹 동사	書(か)く 쓰다	書(か)ける	書(か)こう	書(か)くと	書(か)けば
	泳(およ)ぐ 헤엄치다	泳(およ)げる	泳(およ)ごう	泳(およ)ぐと	泳(およ)げば
	会(あ)う 만나다	会(あ)える	会(あ)おう	会(あ)うと	会(あ)えば
	待(ま)つ 기다리다	待(ま)てる	待(ま)とう	待(ま)つと	待(ま)てば
	帰(かえ)る 돌아가다	帰(かえ)れる	帰(かえ)ろう	帰(かえ)ると	帰(かえ)れば
	死(し)ぬ 죽다	死(し)ねる	死(し)のう	死(し)ぬと	死(し)ねば
	遊(あそ)ぶ 놀다	遊(あそ)べる	遊(あそ)ぼう	遊(あそ)ぶと	遊(あそ)べば
	飲(の)む 마시다	飲(の)める	飲(の)もう	飲(の)むと	飲(の)めば
	話(はな)す 말하다	話(はな)せる	話(はな)そう	話(はな)すと	話(はな)せば
2그룹 동사	見(み)る 보다	見(み)られる	見(み)よう	見(み)ると	見(み)れば
	起(お)きる 일어나다	起(お)きられる	起(お)きよう	起(お)きると	起(お)きれば
	食(た)べる 먹다	食(た)べられる	食(た)べよう	食(た)べると	食(た)べれば
	寝(ね)る 자다	寝(ね)られる	寝(ね)よう	寝(ね)ると	寝(ね)れば
3그룹 동사	する 하다	できる	しよう	すると	すれば
	来(く)る 오다	来(こ)られる	来(こ)よう	来(く)ると	来(く)れば

조건표현		수동형	사역형	사역수동형
~なら	**~たら**			
書くなら	書いたら	書かれる	書かせる	書かせられる (書かされる)
泳ぐなら	泳いだら	泳がれる	泳がせる	泳がせられる (泳がされる)
会うなら	会ったら	会われる	会わせる	会わせられる (会わされる)
待つなら	待ったら	待たれる	待たせる	待たせられる (待たされる)
帰るなら	帰ったら	帰られる	帰らせる	帰らせられる (帰らされる)
死ぬなら	死んだら	死なれる	死なせる	死なせられる (死なされる)
遊ぶなら	遊んだら	遊ばれる	遊ばせる	遊ばせられる (遊ばされる)
飲むなら	飲んだら	飲まれる	飲ませる	飲ませられる (飲まされる)
話すなら	話したら	話される	話させる	話させられる
見るなら	見たら	見られる	見させる	見させられる
起きるなら	起きたら	起きられる	起きさせる	起きさせられる
食べるなら	食べたら	食べられる	食べさせる	食べさせられる
寝るなら	寝たら	寝られる	寝させる	寝させられる
するなら	したら	される	させる	させられる
来るなら	来たら	来られる	来させる	来させられる

동사 활용별 문형 일람표

사전형	ます형	て형
～前(まえ)に (～하기 전에)	～ませんか (～하지 않겠습니까?)	～てください (～해 주세요)
～んです (～이랍니다 / ～이거든요)	～ましょう (～합시다)	～てから (～하고 나서)
～ことができます (～할 수 있습니다)	～ましょうか (～할까요?)	～ています (～하고 있습니다 / ～해 있습니다)
～しかありません (～ 밖에 없습니다)	～に行(い)きます (～하러 갑니다)	～てしまいます (～해 버립니다, ～하고 맙니다)
～つもりです (～할 생각입니다)	～たいです (～하고 싶습니다)	～てもいいですか (～해도 괜찮습니까?, ～해도 됩니까?)
～ことにします (～하기로 합니다)	～ながら (～하면서)	～てはいけません (～해서는 안 됩니다, ～하면 안 됩니다)
～と (～하면, ～하자 , ～더니)	～方(かた) (～하는 방법)	～てみます (～해 봅니다, ～해 보겠습니다)
～なら (～라면, ～거라면, ～다면)	～すぎ / ～すぎる (지나치게 ～함 / 지나치게 ～하다)	～ていきます (～하고 갑니다)
～のが+형용사 (～하는 것이 ～하다, ～을 ～하다)	～やすいです (～하기 쉽습니다)	～てきます (～하고 옵니다)
～ようになります (～하게 됩니다)	～にくいです (～하기 어렵습니다)	～ておきます (～해 둡니다, ～해 놓습니다)
	～そうです (～일 것 같습니다)	～てあげます (～해 줍니다)
	お(ご)～になります (～하십니다)	～てくれます (～해 줍니다)
	お(ご)～です (～하십니다)	～てもらいます (～해 받습니다)
	お(ご)～ください (～해 주십시오, ～해 주세요)	～てほしいです (～해 주기를 바랍니다)
	お(ご)～します (～해 드리겠습니다, ～하겠습니다)	

た형	ない형	보통체형	의지형
～たことがあります (～한 적이 있습니다)	～なければなりません (～하지 않으면 안 됩니다, ～해야 합니다)	～し (～이고 / ～하고)	～と思(おも)います (～하려고 합니다)
～たほうがいいです (～하는 편이 좋습니다)	～ないでください (～하지 마세요)	～と思(おも)います (～라고 생각합니다)	
～たり～たりします (～하기도 하고 ～하기도 합니다)	～ないつもりです (～하지 않을 생각입니다)	～ので (～하므로 / ～때문에)	
～た後(あと)で (～한 뒤에, ～한 후에)	～ないで (～하지 않고 / ～하지 말고)	～だけです (～할 뿐입니다)	
～たら (～하면/～더니)	～ないことにします (～하지 않기로 합니다)	～ようです (～인 듯하다 / ～와(과) 같다)	
～たばかりです (막, 금방 ～했습니다)	～なくてもいいです (～하지 않아도 됩니다)	～そうです (～라고 합니다)	
		～と言(い)います (～라고 합니다)	
		～かどうか (～일지 어떨지)	
		～みたいです (～인 것 같다 / ～같다)	
		～でしょう (～겠지요)	
		～だろう (～할 것이다)	
		～らしいです (～인 듯 하다, ～인 것 같다)	
		～のに (～는데도, ～한데)	
		～かもしれません (～일지도 모릅니다)	

조사 정리표

조사	의미	예문
は	~은(는)	私(わたし)は 学生(がくせい)です。 저는 학생입니다.
も	~도	吉田(よしだ)さんも 会社員(かいしゃいん)です。 요시다 씨도 회사원입니다.
の	~의	これは 私(わたし)の かばんです。 이것은 나의 가방입니다.
	~의 것	この かばんは 私(わたし)のです。 이 가방은 내 것입니다.
が	~이(가)	あの 人(ひと)が 山田(やまだ)さんです。 저 사람이 야마다 씨입니다.
を	~을(를)	写真(しゃしん)を 撮(と)ります。 사진을 찍습니다.
に	~에	机(つくえ)の 下(した)に 犬(いぬ)が います。 책상 밑에 개가 있습니다. 〈존재〉 今日(きょう) 3時(さんじ)に 試験(しけん)が あります。 오늘 3시에 시험이 있습니다. 〈시간〉 コンビニに 行(い)きます。 편의점에 갑니다. 〈장소〉
	~에게	友(とも)だちに 手紙(てがみ)を 出(だ)します。 친구에게 편지를 보냅니다.
	~(으)로 (하다)	私(わたし)は 紅茶(こうちゃ)に します。 저는 홍차로 하겠습니다.
	~하러	映画(えいが)を 見(み)に 行(い)きます。 영화를 보러 갑니다.
	~이(가) (되다)	兄(あに)は 銀行員(ぎんこういん)に なりました。 형은 은행원이 되었습니다.
で	~에서	運動場(うんどうじょう)で サッカーを します。 운동장에서 축구를 합니다.
	~으로	雨(あめ)で 運動会(うんどうかい)が 中止(ちゅうし)に なりました。 비로 운동회가 중지되었습니다. 〈원인〉 辞書(じしょ)で 単語(たんご)を 引(ひ)きます。 사전으로 단어를 찾습니다. 〈수단〉
へ	~로	病院(びょういん)へ 行(い)きます。 병원으로 갑니다.

조사	의미	예문
と	~와(과)	おにぎりと お茶を ください。 주먹밥과 녹차를 주세요.
	~라고	午後から 雨が 降ると 思います。 오후부터 비가 올 거라고 생각합니다.
や	~(이)나	ビールや ウィスキーを よく 飲みます。 맥주나 위스키를 자주 마십니다.
し	~(이)고	彼の 部屋は せまいし 汚いです。 그 방은 좁고 더러워요.
たり	~하거나	週末は 映画を 見たり ピアノを ひいたり します。 주말에는 영화를 보거나 피아노를 치거나 합니다.
から	~에서	学校は ここから 遠いですか。 학교는 여기서 먼니까?
	~이므로, ~니까	明日は 休みですから うれしいです。 내일은 휴일이니까 기쁩니다.
	~으로부터, ~한테	父から その 話を 聞きました。 아버지로부터 그 이야기를 들었습니다.
ので	~하므로, ~때문에	今日は 日曜日なので 道が すいて います。 오늘은 일요일이므로 길이 비어 있습니다.
けど	~지만, ~는데	肉は 好きですけど 野菜は 嫌いです。 고기는 좋아하지만, 야채는 싫어합니다.
のに	~는데도, ~한데	この レストランは 値段が 高いのに おいしく ないです。 이 레스토랑은 가격이 비싼데도, 맛이 없습니다.
まで	~까지	試験期間は いつまでですか。 시험 기간은 언제까지입니까? 〈시간〉 交差点まで まっすぐ 行って ください。 교차로까지 쭉 가세요. 〈장소〉
までに	~까지(는)	明日までに しなければ ならない 仕事が あります。 내일까지 해야 하는 일이 있습니다.

조사	의미	예문
より	~보다	私(わたし)より 弟(おとうと)の 方(ほう)が 背(せ)が 高(たか)いです。 저보다 남동생 쪽이 키가 큽니다.
くらい(ぐらい)	~정도	1日(いちにち)に 10本(じゅっぽん)くらい タバコを 吸(す)います。 하루에 10개비 정도 담배를 피웁니다.
ながら	~면서	いつも 音楽(おんがく)を 聞(き)きながら 勉強(べんきょう)します。 항상 음악을 들으면서 공부합니다.
だけ	~만, ~뿐	これだけ ください。 이것만 주세요.
しか	~밖에	財布(さいふ)の 中(なか)に 千円(せんえん)しか ありません。 지갑 안에 천 엔밖에 없습니다.
か	~까?	週末(しゅうまつ)は 何(なに)を しますか。 주말에는 무엇을 합니까?
よ	~군요, ~요	外(そと)は 雨(あめ)が 降(ふ)って いますよ。 밖은 비가 오고 있어요.
ね	~군요, ~요	最近(さいきん) とても 寒(さむ)いですね。 요즘 너무 춥네요.
の	~이니?, ~요	どうしたの。 무슨 일이니? 働(はたら)いて いるの。 일하고 있어요.
かな	~가?, ~까?	顔(かお)が 真(ま)っ白(しろ)だったけど 大丈夫(だいじょうぶ)かな。 얼굴이 새하얗게 질려 있었는데 괜찮을까?

1과

문형 연습하기 (p.16)

1 ① A : 日本料理を 作る ことが できますか。
B : いいえ、作れません。
② A : これから 2時の 飛行機に 乗る ことが できますか。
B : いいえ、乗れません。
③ A : 映画館で お弁当を 食べる ことが できますか。
B : いいえ、食べられません。

2 ① 今は 営業時間じゃ(では) ないので レストランは 開いて いません。
② この 山は 有名じゃ(では) ないので 人が 来ません。
③ 天気が よく ないので 出かけません。

3 ① A : この かびんは こわれやすいですか。
B : いいえ、この かびんは こわれにくいです。
② A : 山本先生の 授業は わかりやすいですか。
B : いいえ、山本先生の 授業は わかりにくいです。
③ A : この 本は 読みやすいですか。
B : いいえ、この 本は 読みにくいです。

4 ① だけ
② だけ
③ しか

회화 연습하기 (p.18)

1 ① A : この ケータイは どうですか。
B : 画面が 大きくて 見やすいですね。
A : きれいな 写真も 撮れますよ。
B : これ、いいですね。
② A : この カメラは どうですか。
B : 小さくて 使いやすいですね。
A : データも たくさん 保存できますよ。
B : これ、いいですね。
③ A : この 日本語の 教科書は どうですか。
B : 絵が あって わかりやすいですね。
A : 単語も たくさん 覚えられますよ。
B : これ、いいですね。

2 ① A : パフェを ください。
B : すみません。アイスクリームしか ないのですが。
A : そうなんですか。
B : はい、パフェは 売り切れたので アイスクリームだけなんです。
② A : この シャツを 2着 ください。
B : すみません。1着しか ないのですが。
A : そうなんですか。
B : はい、特別サイズなので 1着だけなんです。
③ A : 東京行きの チケットを 2枚 ください。
B : すみません。1枚しか ないのですが。
A : そうなんですか。
B : はい、座席の のこりが ないので 1枚だけなんです。

듣기 연습하기 (p.19)

1 ① A : どうしたんですか。
B : この 靴は きつくて (歩きにくいんです)。
② A : 山本さん、明日は いつ (来られますか)。
B : 午前は (来られませんが)、午後は (来られます)。
③ A : これ、使っても いいですか。
B : すみませんが、(一つしか ないので、使わないで ください)。
④ A : この カメラの 使い方が わからないんですが……。
B : (その ボタンを 押すだけです)。

2 ① 山田さんは 泳ぐ ことが できますので、よく プールに 行きます。
② 山田さんは ピアノを ひく ことが できますが、バイオリンを ひく ことは できません。
③ 山田さんは バイクを 運転する ことが できますが、車を 運転する ことは できません。
④ 山田さんは 食べる ことが 好きですが、料理は できません。
정답 : ① ○　② ×　③ ×　④ ×

독해 연습하기 (p.20)

1 ③
2 ④

2과

문형 연습하기 (p.28)

1 ① A : 休暇は 何を しますか。
B : 海外旅行を しようと 思います。
② A : 今週の 週末は 何を しますか。
B : 富士山に 登ろうと 思います。
③ A : 明日は 何を しますか。
B : 父の 仕事を 手伝おうと 思います。

2 ① 結婚式を 挙げる 前に アパートを 探して おきます。
② パーティーを する 前に プレゼントを 買って おきます。
③ お客さんが 来る 前に 掃除して おきます。

3 ① A : 明日の バレーボールの 試合に 出る つもりですか。
B1 : はい、出る つもりです。
B2 : いいえ、出ない つもりです。
② A : お盆休みに 国へ 帰る つもりですか。
B1 : はい、帰る つもりです。
B2 : いいえ、帰らない つもりです。
③ A : 国へ 帰る とき 飛行機に 乗る つもり ですか。
B1 : はい、乗る つもりです。
B2 : いいえ、乗らない つもりです。

4 ① A : おこづかいを 使っても いいですか。
B : おこづかいを 使わないで 貯めて おいて ください。
② A : 料理を 全部 食べても いいですか。
B : 料理を 全部 食べないで 残して おいて ください。
③ A : 電気を 消しても いいですか。
B : 電気を 消さないで つけて おいて ください。

회화 연습하기 (p.30)

1 ① A : 夏休みは どう 過ごしますか。
B : 海に 行って 泳ごうと 思います。吉田さんは？
A : 帰省しないで 東京で ずっと 遊ぶ つもりです。
B : そうですか。

② A : おおみそかは どう 過ごしますか。
B : 年越しそばを 食べようと 思います。吉田さんは？
A : 寝ないで 特別番組を 見る つもりです。
B : そうですか。

③ A : 週末は どう 過ごしますか。
B : 友だちと 映画を 見ようと 思います。吉田さんは？
A : 朝寝坊しないで 掃除する つもりです。
B : そうですか。

2 ① A : 係長、飛行機を 予約して おきました。
B : そう、ありがとう。
A : ホテルの 予約は どうしましょうか。
B : 予約しないで、住所だけ 調べて おいて。

② A : 係長、資料を コピーして おきました。
B : そう、ありがとう。
A : 請求書は どうしましょうか。
B : コピーしないで、ファイルして おいて。

③ A : 係長、取引先に 連絡して おきました。
B : そう、ありがとう。
A : 報告書は どうしましょうか。
B : 部長には 渡さないで、課長に 渡して おいて。

듣기 연습하기 (p.31)

1 ① A : 来年は 何を しますか。
B : (運転免許を 取ろうと 思って います)。

② A : セミナーに 参加する つもりですか。
B : いいえ、(参加しない つもりです)。

③ A : ビールを 冷蔵庫に 入れましょうか。
B : いいえ、冷蔵庫に (入れないで 出して おいて ください)。

④ A : 明日は 何を する つもりですか。
B : (一日中 何も しないで) 寝る つもりです。

2 小林さんは 音楽が 好きです。それで 小林さんは ギターを 買おうと 思って います。運動は あまり 得意じゃ ないので、サッカーの 試合は 出ない つもりです。今は 試験中なので 夜は テレビを 見ないで 勉強する つもりです。わからない 単語は 調べて おきましたが、覚えて いません。明日は はやく 起きて 図書館に 行く つもりです。

정답 : ギターを 買う / 勉強する / はやく 起きる / 図書館に 行く

독해 연습하기 (p.32)

1 ②

2 ④

3과

문형 연습하기 (p.39)

1 ① 金さんは 私に プレゼントを くれました。
② 私は 李さんに 花を あげました。
③ 私の 弟は ワンさんに 缶コーヒーを もらいました。

2 ① A： もう 宿題を しましたか。
B1：はい、もう しました。
B2：いいえ、まだ して いません。
② A： もう 肉が 焼けましたか。
B1：はい、もう 焼けました。
B2：いいえ、まだ 焼けて いません。
③ A： もう 手紙が 届きましたか。
B1：はい、もう 届きました。
B2：いいえ、まだ 届いて いません。

3 ① 新しい 車を 買う ことに します。
新しい 車を 買わない ことに します。
② 日本へ 留学する ことに します。
日本へ 留学しない ことに します。
③ 電話番号を 教える ことに します。
電話番号を 教えない ことに します。

4 ① はたちに なると タバコが 吸えます。
はたちに ならないと タバコが 吸えません。
② ボタンを 押すと チケットが 出ます。
ボタンを 押さないと チケットが 出ません。
③ 朝 7時に 出ると 間に合います。
朝 7時に 出ないと 間に合いません。

회화 연습하기 (p.41)

1 ① A：いつ 入隊しますか。
B：今年の 秋 入隊する ことに しました。
A：もう 休学届は 出しましたか。
B：いいえ、まだ 出して いません。
② A：いつ 故郷に 帰りますか。
B：来週 故郷に 帰る ことに しました。
A：もう 飛行機は 予約しましたか。
B：いいえ、まだ 予約して いません。
③ A：いつ 引っ越しますか。
B：今月末 引っ越す ことに しました。
A：もう 荷物は まとめましたか。
B：いいえ、まだ まとめて いません。

2 ① A：クリスマスに 何を もらいましたか。
B：鈴木さんに 帽子を もらいました。
A：その マフラーは 吉田さんに もらいましたか。
B：はい、そうです。
② A：クリスマスに 何を もらいましたか。
B：鈴木さんに セーターを もらいました。
A：その マフラーは 木村さんが くれましたか。
B：はい、そうです。
③ A：クリスマスに 何を あげましたか。
B：鈴木さんに 靴下を あげました。
A：その マフラーは 渡辺さんが くれましたか。
B：はい、そうです。

듣기 연습하기 (p.42)

1 ① A : 鈴木さんは 田中さんに (何を もらいましたか)。

B : 鈴木さんは 田中さんに 映画の チケットを もらいました。

② A : (もう 授業は 終わりましたか)。

B : いいえ、まだ 終わって いません。

③ A : 昼食は どこで 食べますか。

B : 昼食は そば屋で (食べる ことに しました)。

④ A : (まっすぐ 行くと 何が ありますか)。

B : 交差点が あります。

2 ① 私は 友だちに ケーキを あげました。

② 私は 姉から 自転車を もらいました。

③ 鈴木さんは 私に 日本語の 本を くれました。

④ 山田さんは 鈴木さんに 香水を あげました。

정답 : ① → ② ← ③ → ④ →

독해 연습하기 (p.43)

1 ④

2 ①

4과

문형 연습하기 (p.51)

1 ① 妹は 母に 服を 送って もらいました。

② 田中さんは 李さんに 料理を 作って もらいました。

③ 鈴木さんは 金さんに ハングルを 教えて もらいました。

2 ① 田中さんは 私の 妹に 料理の 作り方を 教えて くれました。

② 先生は 弟に 資料を 見せて くれました。

③ 友だちは 私に ごちそうを 作って くれました。

3 ① 味が うすければ 塩を 入れます。

② 雨が 降れば 試合は 中止です。

③ 学生ならば 誰でも 参加できます。

4 ① A : 重い ものなら どうしますか。

B : 私は 持てません。

② A : シャツが 派手なら どうしますか。

B : 私は 着ません。

③ A : 暑いなら どうしますか。

B : 私は 出かけません。

회화 연습하기 (p.53)

1 ① A : この 料理は 姉が 作って くれました。
B : お姉さんは やさしい 方なんですね。
A : はい、いつも 私は 姉に 料理を 作って もらいます。
B : 材料が そろえば 私も 料理を 作って あげますね。

② A : この 宿題は 姉が 手伝って くれました。
B : お姉さんは やさしい 方なんですね。
A : はい、いつも 私は 姉に 宿題を 手伝って もらいます。
B : 問題が 難しく なければ 私も 宿題を 手伝って あげますね。

③ A : この 服は 姉が 選んで くれました。
B : お姉さんは やさしい 方なんですね。
A : はい、いつも 私は 姉に 服を 選んで もらいます。
B : 機会が あれば 私も 服を 選んで あげますね。

2 ① A : 地下鉄の 路線が わかりますか。
B : 都心部なら わかります。
A : 新宿に 行きたいんですが……。
B : じゃ、案内して あげますね。

② A : 昔の ハングルが わかりますか。
B : 今の ハングルなら わかります。
A : 朝鮮時代の 本を 読みたいんですが……。
B : じゃ、韓国語の 先生に 聞いて あげますね。

③ A : 翻訳アプリの 使い方が わかりますか。
B : 基本的な ことなら わかります。
A : この 文書を 翻訳したいんですが……。
B : じゃ、手伝って あげますね。

듣기 연습하기 (p.54)

1 ① A : 引っ越しは どうしましたか。
B : (友だちに 手伝って もらいました)。

② A : 漢字の 意味が わからない ときは どう すれば いいですか。
B : (この 辞書を 引けば いいです)。

③ A : おいしい ケーキが 買いたいんですが……。
B : (おいしい ケーキなら 駅前の ケーキ屋が いいですよ)。

④ A : ケータイは 持って いますか。
B : ケータイは 持って いますが、(メールの 送り方が わかりません)。

2 私は 弟と 母と いっしょに デパートへ 行きました。来週は 母の 誕生日なので 母に ブローチを 買って あげました。母は 私に ワンピースを 買って くれました。弟は 母に ジーパンを 買って もらいました。帰りに レストランに よって 食事を しました。

정답 : ① 私 ② 母 ③ 私 ④ 弟

독해 연습하기 (p.55)

1 ②

2 ②

5과

문형 연습하기 (p.62)

1 ① A : 賞金を もらったら 何を しますか。
　B : 旅行に 行こうと 思います。
② A : うちへ 帰ったら 何を しますか。
　B : お風呂に 入ろうと 思います。
③ A : 試験が 終わったら 何を しますか。
　B : おもいきり 遊ぼうと 思います。

2 ① A : 傘を さして いますね。
　B : 雨が 降って いるようです。
② A : 消防車の 音が 聞こえますね。
　B : 火事の ようです。
③ A : 変な 音が しますね。
　B : エンジンが 故障したようです。

3 ① 私は 絵を かくのが 大好きです。
② 弟は 部屋を 掃除するのが 嫌いです。
③ 母は 花を 育てるのが 上手です。

4 ① ここは 靴を 脱いで ください。
　あそこは 靴を 脱がなくても いいです。
② 今週は お弁当を 持って きて ください。
　来週は お弁当を 持って こなくても いいです。
③ この 書類は はんこを もらって ください。
　あの 書類は はんこを もらわなくても いいです。

회화 연습하기 (p.64)

1 ① A : 林さんは 歌を 歌うのが 上手ですね。
　B : いいえ、そんな こと ないです。
　A : まるで 本当の 歌手の ようです。
　B : 昔 ちょっと 音楽教室に 通っただけです。
② A : 林さんは 絵を かくのが 上手ですね。
　B : いいえ、そんな こと ないです。
　A : まるで 本物の イラストレーターの ようです。
　B : 昔 ちょっと 絵の 勉強を しただけです。
③ A : 林さんは 英語を 話すのが 上手ですね。
　B : いいえ、そんな こと ないです。
　A : まるで アメリカ人の ようです。
　B : 昔 ちょっと アメリカに 留学しただけです。

2 ① A : 家に 帰るんですか。
　B : はい、そうです。
　A : 家まで 送らなくても いいですか。
　B : ありがとうございます。じゃ、車が あったら 家まで 送って くれませんか。
② A : プレゼントを 買いに 行くんですか。
　B : はい、そうです。
　A : いっしょに 行かなくても いいですか。
　B : ありがとうございます。じゃ、都合が 良かったら いっしょに 行って くれませんか。
③ A : 明日 はやく 起きるんですか。
　B : はい、そうです。
　A : 起こさなくても いいですか。
　B : ありがとうございます。じゃ、朝 6時に なったら 起こして くれませんか。

듣기 연습하기 (p.65)

1 ① A : (雨が 降ったら どうしますか)。
B : 雨が 降っても 試合を します。
② A : パトカーと 救急車が 来て いますね。
B : (事故の ようですね)。
③ A : ギターを ひくのと ピアノを ひくのと どっちが 上手ですか。
B : (ギターを ひくのが 上手です)。
④ A : 明日の 朝 7時に 起きなければ なりませんか。
B : (いいえ、7時に 起きなくても いいです)。

2 ① A : 風が 吹いて 寒いですね。
B : そうですね。寒くて 冬の ようです。
② A : 鍵が かかって いますね。
B : 電気も ついて いないので 留守の ようですね。
③ A : ここは 靴を 脱がなければ なりませんか。
B : いいえ、靴を 脱がなくても いいです。
④ A : 手紙を 見せなくても いいですか。
B : はい、見せなくても いいです。

정답 : ① × ② ○ ③ × ④ ×

독해 연습하기 (p.66)

1 ④

2 ③

종합 연습문제 1 (p.68)

1 ① しか ない
② だけ
③ もう / まだ
④ まるで

2 ① wi-fiにつなげば インターネットが 使えます。
② レバーを 引けば いすが 動かせます。
③ 部屋を 整理すれば 本だなが 置けます。
④ ヘッドフォンを 使えば 案内放送が 聞けます。
⑤ めがねを かければ 小さい 文字が 読めます。

3 ① A : 卒業したら どうしますか。
B1 : 卒業したら 海外へ 留学しようと 思います。
B2 : 卒業したら 海外へ 留学する つもりです。
② A : 天気が よかったら どうしますか。
B1 : 天気が よかったら 試合を しようと 思います。
B2 : 天気が よかったら 試合を する つもりです。
③ A : ホテルに 着いたら どうしますか。
B1 : ホテルに 着いたら 電話を かけようと 思います。
B2 : ホテルに 着いたら 電話を かける つもりです。
④ A : 会議が 終わったら どうしますか。
B1 : 会議が 終わったら 一杯 飲もうと 思います。
B2 : 会議が 終わったら 一杯 飲む つもりです。
⑤ A : 留守だったら どうしますか。
B1 : 留守だったら となりの 人に 預けようと 思います。
B2 : 留守だったら となりの 人に 預ける つもりです。

4 ① 父が 私に スマホを 買って くれた。
私は 父に スマホを 買って もらった。
② 山田さんが 私の 妹に コンサートの チケットを 送って くれた。
私の 妹は 山田さんに コンサートの チケットを 送って もらった。
③ 店員が 私の 家族に 席を 案内して くれた。
私の 家族は 店員に 席を 案内して もらった。
④ 木村さんが 母に 写真を 撮って くれた。
母は 木村さんに 写真を 撮って もらった。
⑤ 彼が 私に 席を ゆずって くれた。
私は 彼に 席を ゆずって もらった。

5 ① 行かない
② もらっ
③ 行く
④ 忘れ
⑤ 飲ま
⑥ 暇
⑦ 読む
⑧ はき
⑨ 言わ
⑩ 予約し

6 ① 窓を 開けて おいても いいですが、あぶないので 閉める ことに しました。
② 友だちに もらった 本を まだ 読んで いません。
③ 夜 寝ないで 作りましたが、完成する ことが できませんでした。
④ これは 私が 使った 辞書ですが、卒業したら 後輩に あげる つもりです。
⑤ 住所は わかりませんが、電話番号は わかるので 心配しなくても いいです。

6과

문형 연습하기 (p.79)

1 ① 天気予報に よると 明日は 晴れ ときどき 曇りだそうです。
② 新聞に よると 最近 ソウルの 人口が 減って いるそうです。
③ うわさに よると 新しい レストランは とても おいしいそうです。

2 ① トウガラシが たくさん 入って いるので からそうです。
② 暑く なったので アイスクリームが よく 売れそうです。
③ この アパートは 駅から 遠いので 不便そうです。

3 ① A：店の 人は 何と 言いましたか。
B：今日は 終わったと 言いました。
② A：お医者さんは 何と 言いましたか。
B：お酒は だめだと 言いました。
③ A：友だちは 何と 言いましたか。
B：北海道は 夏でも すずしいと 言いました。

4 ① 運動会の 日は 雨か どうか 天気予報を 見て ください。
② この 答えが ただしいか どうか 調べて ください。
③ サイズが 合うか どうか 試して ください。

회화 연습하기 (p.81)

1 ① A : これは 何ですか。
B : 新しい マンガです。
A : おもしろそうですね。
B : おもしろいか どうか わかりませんが、読んで みて ください。

② A : これは 何ですか。
B : 新作の ホラー映画です。
A : 怖そうですね。
B : 怖いか どうか わかりませんが、見て ください。

③ A : これは 何ですか。
B : 最新の タブレットです。
A : 便利そうですね。
B : 便利か どうか わかりませんが、使って みて ください。

2 ① A : この お店、おいしいですね。
B : 友だちの 話に よると シェフが 有名な 人だそうです。
A : 本当ですか。
B : はい、テレビにも 出ると 言って いました。

② A : 人が たくさん いますね。
B : 朝の ニュースに よると 花火大会が あるそうです。
A : 本当ですか。
B : はい、夜の 7時から すると 言って いました。

③ A : きれいな 絵ですね。
B : 係りの 人の 説明に よると 有名な 画家が かいたそうです。
A : 本当ですか。
B : はい、これが 最後の 作品だと 言って いました。

듣기 연습하기 (p.82)

1 ① A : 空が 明るく なりましたね。
B : そうですね。雨が (やみそう)ですね。[양태]

② A : 海で たくさん 人が 泳いで いますね。
B : そうですね。(たのしそう)ですね。[양태]

③ A : 東京ディズニーランドに 行って みましたか。
B : いいえ、まだです。とても (たのしいそう)ですね。[전문]

④ A : デパートの セールは いつからですか。
B : うわさに よると 来週の 土曜日から (始まるそう)です。[전문]

2 ① A : 空が 曇って きましたね。
B : a. そうですね。今日は ずっと 晴れだそうです。
b. そうですね。昨日は 雨が 降ったそうです。
c. そうですね。天気予報によると、今日は 一日中 雨が 降るそうです。

② A : お母さんは 何と 言いましたか。
B : a. 母は 最近 運動を 始めたと 言いました。
b. 母は 今 運動を して います。
c. 母は 運動が 好きそうです。

③ A : ラーメンを 作って みました。食べて みて ください。
B : a. はい。私は ラーメンを 食べて みました。
b. わあ、おいしそうですね。
c. まだ 食べて いませんか。

④ A : 山田さん、ハワイ旅行に 行きますか。
B : a. ハワイは 行った ことが ありません。
b. ハワイは 行った ほうが いいですよ。
c. 仕事が 多くて 行けるか どうか わかりません。

정답 : ① c ② a ③ b ④ c

독해 연습하기 (p.83)

1 ③

2 ①

7과

문형 연습하기 (p.91)

1 ① ニュースで 聞いたけど 今度の 風邪は ひどいみたいです。

② テレビで 見たけど 飛行機事故が 起きたみたいです。

③ 地図で 調べたけど 家から とても 近いみたいです。

2 ① 道が 渋滞して いるから たぶん 時間が かかるでしょう。

② 薬を 飲んだから たぶん すぐ 治るでしょう。

③ 山田さんは 来週 試験だから たぶん 大変でしょう。

3 ① 約束の 時間が 過ぎました。どうも 林さんは 来ないらしいです。

② ご飯が 残って いません。どうも 吉田さんが ご飯を 食べたらしいです。

③ 音が しません。どうも 人が いないらしいです。

4 ① A : 電話番号を 教えましょうか。
B : はい、電話番号を 教えて ほしいです。

② A : タバコを やめましょうか。
B : はい、タバコを やめて ほしいです。

③ A : ゆっくり 話しましょうか。
B : はい、ゆっくり 話して ほしいです。

회화 연습하기 (p.93)

1 ① A : 吉本さん、顔色が 悪いけど どこか 悪いんですか。
B : 風邪を ひいたらしいですよ。
A : はやく 治って ほしいですね。

② A : 話し声が 聞こえるけど 誰か いるんですか。
B : 昔の 友だちが 来たらしいですよ。
A : すこし 静かに して ほしいですね。

③ A : 田中さん、泣いて いるけど どうか したんですか。
B : かばんを なくしたらしいですよ。
A : はやく 見つかって ほしいですね。

2 ① A : かっこいい 車ですね。
B : 価格も 安いみたいですよ。
A : この 車なら すぐ 売れるでしょう。

② A : 背が 高い 人ですね。
B : 職業は モデルみたいですよ。
A : 彼なら 女性に もてるでしょう。

③ A : 人が いっぱい いますね。
B : 新しい お店が オープンしたみたいですよ。
A : ここなら お客さんが たくさん 来るでしょう。

듣기 연습하기 (p.94)

1 ① A：日曜日は 暇ですか。

B：日曜日は (用事が あるんですけど) 土曜日は 暇です。

② A：田中さんは 会社の 住所を 知って いますか。

B：いいえ、(たぶん 知らないでしょう)。

③ A：木村さんは いつ 帰りましたか。

B：(さっき 帰ったらしいです)。

④ A：何か 食べる物を 作りましょうか。

B：ええ、何でも いいですから (はやく 作って ほしいです)。

2 ① A：ドアが 閉まって いますね。

B：a. もう 終わりそうです。

b. 今日は 終わったみたいです。

c. 今、作って いるようです。

② A：急に 暗く なりましたね。

B：a. そうですね。もう すぐ 晴れるそうです。

b. そうですね。もう すぐ 雨が 止みそうです。

c. そうですね。もう すぐ 雨が 降りそうですね。

③ A：山田さんは 来ませんか。

B：a. 病気に なったから、たぶん 来ないでしょう。

b. もう ついたらしいです。

c. 元気だから 運動して いるでしょう。

④ A：どうしたんですか。

B：a. かばんが 重いんですけど 持って ほしいんですが。

b. 財布を 探して ほしいんですが…。

c. 隣の 人に かばんを 持って もらいました。

정답：① b　② c　③ a　④ b

독해 연습하기 (p.95)

1 ②

2 ④

8과

문형 연습하기 (p.104)

1 ① 押して → 押さない → 押される

② 案内して → 案内しない → 案内される

③ 置いて → 置かない → 置かれる

④ 来て → 来ない → 来られる

⑤ 怒って → 怒らない → 怒られる

⑥ 間違えて → 間違えない → 間違えられる

2 ① 友だちは 私に 仕事を 頼みました。

私は 友だちに 仕事を 頼まれました。

② 外国人は 私に 道を 聞きました。

私は 外国人に 道を 聞かれました。

③ 弟は 私に 嘘を つきました。

私は 弟に 嘘を つかれました。

3 ① とても 忙しいのに 手伝って くれない。

② 歌が 上手なのに 歌わない。

③ 能力が あるのに 働かない。

4 ① A：誰が ひまわりの 絵を かきましたか。

B：ゴッホに よって かかれました。

② A：どこが この ＳＦ映画を 製作しましたか。

B：韓国の 会社に よって 製作されました。

③ A：誰が エアコンを 発明しましたか。

B：キャリアに よって 発明されました。

회화 연습하기 (p.106)

1 ① A：どうしたんですか。
B：吉田さんに 悪口を 言われたんです。
A：本当ですか。
B：はい、ほめて あげたのに 腹が 立ちました。

② A：どうしたんですか。
B：吉田さんに 体重を 聞かれたんです。
A：本当ですか。
B：はい、私は 女性なのに 驚きました。

③ A：どうしたんですか。
B：吉田さんに 残業を 頼まれたんです。
A：本当ですか。
B：はい、約束が あるのに 困りました。

2 ① A：立派な 辞書ですね。
B：たくさんの 考古学者に よって 作られたんですよ。
A：そうですか。
B：この 辞書の おかげで 古代の 文字が 読めるように なりました。

② A：立派な 彫刻ですね。
B：有名な 彫刻家に よって 彫られたんですよ。
A：そうですか。
B：この 彫刻の おかげで 多くの 観光客が 来るように なりました。

③ A：立派な 橋ですね。
B：国の 政策に よって かけられたんですよ。
A：そうですか。
B：この 橋の おかげで はやく 空港に 行けるように なりました。

듣기 연습하기 (p.107)

1 ① A：どうして 遅刻したんですか。
B：(急に 友だちに 来られて 遅れました)。

② A：どうしたんですか。
B：(新しい パソコンなのに 故障しちゃったんです)。

③ A：どんな ニュースですか。
B：(大雨に よって 洪水が 起きたそうです)。

④ A：赤ちゃんが 大きく なりましたね。
B： ええ、(やっと 一人で 歩けるように なりました)。

2 ① a. A：どうしたの。
B：スマホを 壊して 姉を しかりました。
b. A：どうしたの。
B：スマホを 壊して 姉に 怒られました。

② a. A：田中さん うれしそうですね。
B：彼に 結婚を 申し込まれたんです。
b. A：石田さん、悲しそうですね。
B：彼女に プロポーズを 断られたそうです。

③ a. A：どうしたの。
B：昨日 買っといた ケーキを 食べられちゃったの。
b. A：何を して いるの。
B：昨日 買っといた ケーキを 食べて いるの。

④ a. A：吉田さん、顔色が いいですね。
B：はい、こどもに 起こされなかったので、一晩中 よく 眠れました。
b. A：吉田さん、顔色が 悪いですね。
B：はい、子どもに 泣かれて 寝られなかったんです。

정답 : ① b ② a ③ a ④ b

독해 연습하기 (p.108)

1 ③

2 ②

9과

문형 연습하기 (p.117)

1 ① 体に いいから 野菜を 食べさせます。

② 子どもは 元気だから 外で 遊ばせます。

③ バイオリンが 好きだから バイオリンの レッスンに 通わせます。

2 ① 友だちは 私に お金を 払わせました。

私は 友だちに お金を 払わせられました(=払わされました)。

② 先輩は 後輩に お酒を 飲ませました。

後輩は 先輩に お酒を 飲ませられました(=飲まされました)。

③ 先生は 学生に 漢字を 覚えさせました。

学生は 先生に 漢字を 覚えさせられました。

3 ① この 車は 先週 買った ばかりなので まだ 新しいです。

② さっき 食べた ばかりなので おなかが いっぱいです。

③ 書道を 習い始めた ばかりなので まだ 下手です。

4 ① A：駐車場が ないかも しれません。

B：そうですね。タクシーで 行った ほうが いいですね。

② A：風邪かも しれません。

B：そうですね。医者に 診て もらった ほうが いいですね。

③ A：夏の ホテルは 混むかも しれません。

B：そうですね。はやく 予約した ほうが いいですね。

회화 연습하기 (p.119)

1 ① A：子どもの とき 何を させられましたか。

B：ピアノを ひかせられました(=ひかされました)。

A：じゃ、自分の 子どもには 何を させたいですか。

B：絵を 習わせたいです。

② A：子どもの とき 何を させられましたか。

B：塾に 行かせられました(=行かされました)。

A：じゃ、自分の 子どもには 何を させたいですか。

B：柔道を やらせたいです。

③ A：子どもの とき 何を させられましたか。

B：弟の 面倒を 見させられました。

A：じゃ、自分の 子どもには 何を させたいですか。

B：本を たくさん 読ませたいです。

2 ① A：これらの 料理の 中で どれが いちばん 食べたいですか。

B：この 料理は 先日 食べた ばかりです。

A：じゃ、この 料理が おいしいかも しれません。どうですか。

B：はい、その 料理を 食べて みます。

② A：これらの 映画の 中で どれが いちばん 見たいですか。

B：この 映画は 先日 見た ばかりです。

A：じゃ、この 映画が 好みに 合うかも しれません。どうですか。

B：はい、その 映画を 見て みます。

③ A：これらの イヤリングの 中で どれが いちばん 買いたいですか。

B：この イヤリングは 先日 買った ばかりです。

A：じゃ、この イヤリングが 似合うかも しれません。どうですか。

B：はい、その イヤリングを 買って みます。

듣기 연습하기 (p.120)

1 ① A：娘さんを（どこに 買い物に 行かせましたか）。
　B：近所の スーパーに 牛乳を 買いに 行かせました。
② A：(どんな ことを させられましたか)。
　B：書類の コピーを 取らされました。
③ A：山田さんの 電話番号を 教えて ください。
　B：すみません、(さっき 聞いた ばかりなのに) 忘れて しまいました。
④ A：曇って いるので (雨が 降るかも しれません)。
　B：そうですね。傘を 持って いった ほうが いいです。

2 お父さんは おなかが すいたので お母さんに 料理を 作らせました。お母さんは おばあさんに 荷物を 持たされました。弟は お父さんに 自分の 部屋を 掃除させられました。妹は お母さんに ピアノの レッスンに 行かされました。お母さんは お父さんに 犬の 散歩を させました。

정답：① お母さん　② 弟
　③ お母さん　④ お父さん

독해 연습하기 (p.121)

1 ③

2 ②

10과

문형 연습하기 (p.131)

1 ① おいでに なる
② おる
③ 致す
④ ご覧に なる
⑤ 差し上げる
⑥ くださる
⑦ いただく

2 ① どこで 写真を お撮りに なりますか。
② どんな 本を お書きに なりますか。
③ 何時に お客さんに お会いに なりますか。

3 ① A：会社を ご案内ください。
　B：はい、会社を ご案内します。
② A：名前の 漢字を お教えください。
　B：はい、名前の 漢字を お教えします。
③ A：辞書を お貸しください。
　B：はい、辞書を お貸しします。

4 ① 傘を お貸ししますので お使いください。
② 鍵を お渡ししますので お入りください。
③ 書留を お送りしますので 本人が お受け取りください。

회화 연습하기 (p.133)

1 ① A：紅茶(こうちゃ)を お入(い)れしましょうか。
B：それじゃ、お願(ねが)いします。
A：砂糖(さとう)や レモンも 自由(じゆう)に お入(い)れください。
B：本当(ほんとう)に ありがとうございます。

② A：コートを お預(あず)かりしましょうか。
B：それじゃ、お願(ねが)いします。
A：帽子(ぼうし)も お預(あず)けください。
B：本当(ほんとう)に ありがとうございます。

③ A：手袋(てぶくろ)を お貸(か)ししましょうか。
B：それじゃ、お願(ねが)いします。
A：この マフラーも お使(つか)いください。
B：本当(ほんとう)に ありがとうございます。

2 ① A：これは 課長(かちょう)が 育(そだ)てられた 野菜(やさい)ですか。
B：うん、そうだよ。
A：たくさん 野菜(やさい)を お育(そだ)てに なるんですね。すこし いただいても よろしいでしょうか。
B：うん、いいよ。

② A：これは お嬢(じょう)さまが 作(つく)られた 曲(きょく)ですか。
B：うん、そうだよ。
A：たくさん 曲(きょく)を お作(つく)りに なるんですね。ちょっと 伺(うかが)っても よろしいでしょうか。
B：うん、いいよ。

③ A：これは 奥(おく)さまが 焼(や)かれた クッキーですか。
B：うん、そうだよ。
A：たくさん クッキーを お焼(や)きに なるんですね。いただいても よろしいでしょうか。
B：うん、いいよ。

듣기 연습하기 (p.134)

1 ① 部長(ぶちょう)に プレゼントを いただきました。
② 二列(にれつ)に お並(なら)びください。
③ わかりにくい ところを ご説明(せつめい)します。
④ 課長(かちょう)の お宅(たく)の 電話番号(でんわばんごう)を ご存知(ぞんじ)ですか。

정답：① もらいました
② 並(なら)んで ください
③ 説明(せつめい)します
④ 知(し)って いますか

2 ① A：誰(だれ)が 山田先生(やまだせんせい)を 空港(くうこう)まで 送(おく)りますか。
B：私(わたし)が 先生(せんせい)を 空港(くうこう)まで お送(おく)りに なります。

② A：部長(ぶちょう)は 昨日(きのう) 何時(なんじ)に 帰(かえ)りましたか。
B：部長(ぶちょう)は １０時(じゅうじ)に お帰(かえ)りに なりました。

③ A：社長(しゃちょう)は 電車(でんしゃ)に 乗(の)りましたか。
B：いいえ、社長(しゃちょう)は タクシーに お乗(の)りしました。

④ A：スケジュールは 誰(だれ)が 知(し)らせて くれますか。
B：私(わたし)が お知(し)らせします。

정답：① ×　② ○　③ ×　④ ○

독해 연습하기 (p.135)

1 ④

2 ②

종합 연습문제 2 (p.138)

1 ① 教えられる
② 待たされる(待たせられる)
③ 遊ばせる
④ 来させる
⑤ される
⑥ 話される
⑦ 着させる
⑧ 調べさせられる

2 ① 売れ
② 始まる
③ 良い
④ 大変
⑤ 降り

3 ① 引っ越して きた ばかりなので 道を 教えて ほしいと 思う。
② 運転免許を 取った ばかりなので 気を つけて ほしいと 思う。
③ 新しく 買った ばかりなので 大事に 使って ほしいと 思う。
④ 今 起きた ばかりなので もう すこし 待って ほしいと 思う。

4 ① 食べさせました
② 頼まれました
③ 来させました
④ 死なれました

5 ① ご覧に なりましたか
② おっしゃいました
③ 召し上がりましたか
④ くださいました
⑤ ご存知ですか

6 ① 天気予報に よると 明日から 晴れるそうですが、本当に 晴れるか どうか 心配です。
② 銀行に 行く 道は わかるでしょう。
③ 山田さんは 買った ばかりの 財布を 盗まれて 元気が なさそうです。
④ 休日なのに 会社に 来させられました。
⑤ 家族を ご紹介しますので 少々 お待ちください。

MEMO

MEMO

(2nd EDITION)

단계별로 쉽게 익히는 3 Step 일본어 3

지은이 한선희, 이이호시 카즈야, 오가와 야스코
펴낸이 정규도
펴낸곳 (주)다락원

초판 1쇄 발행 2009년 6월 10일
2판 1쇄 인쇄 2022년 7월 14일
2판 1쇄 발행 2022년 7월 25일

책임편집 임혜련, 이지현, 송화록
디자인 장미연, 최영란
일러스트 야하타 에미코

다락원 경기도 파주시 문발로 211
내용문의: (02)736-2031 내선 460~465
구입문의: (02)736-2031 내선 250~252
Fax: (02)732-2037
출판등록 1977년 9월 16일 제406-2008-000007호

값 13,500원

ISBN 978-89-277-1263-3 14730
978-89-277-1260-2 (세트)

http://www.darakwon.co.kr

- 다락원 홈페이지를 방문하거나 표지의 QR코드를 스캔하면 MP3 파일 및 관련 자료를 다운로드할 수 있습니다.